Análisis narratológico del mundo y los personajes a partir de la perspectiva de Travis en *Taxi Driver*

Juan Carlos Macías Berumen

Análisis narratológico del mundo y los personajes a partir de la perspectiva de Travis en Taxi Driver
Autor: Juan Carlos Macías Berumen
Primera edición | 2020
Zacatecas, México
ISBN: 979-8575721109
D.R. © Juan Carlos Macías Berumen, 2020
Todos los derechos reservados
Formato de versión digital: EPUB | Distribución independiente

Algunas imágenes utilizadas en esta obra están protegidas por derechos de autor y se incluyen con fines educativos, en apego al artículo 148 de la Ley Federal del Derecho de Autor.

Se prohíbe la reproducción total o parcial de esta obra por cualquier medio, ya sea electrónico, mecánico, óptico, químico, digital, fotográfico o por cualquier sistema de almacenamiento y recuperación de información, presente o futuro, sin autorización expresa y por escrito del titular de los derechos.

HECHO EN MÉXICO | IMPRESO EN ESTADOS UNIDOS
MADE IN MEXICO | PRINTED IN THE UNITED STATES

INDICE

INDICE 3
INTRODUCCIÓN 5
CAPÍTULO I 11
PRECISIONES HISTÓRICAS EN TORNO AL CINE, ... 11
MARTIN SCORSESE Y *TAXI DRIVER* 11

   Breve recuento de la historia del cine norteamericano 11

   Origen y características del género neo-noir 21

   Vida y obra de Martin Scorsese 36

   Génesis e impacto de *Taxi Driver* 42

CAPÍTULO II 49
LA SEMIÓTICA Y LA NARRATOLOGÍA EN EL DISCURSO CINEMATOGRÁFICO: LA PERSPECTIVA DE LOS PERSONAJES 49

   El cine como arte 49

   El cine como lenguaje 52

   La semiótica y el cine 55

   La narratología 63

   La dimensión actorial del relato 70

Rasgos propios de los personajes 79

CAPÍTULO III 88
EL MUNDO CREADO POR TRAVIS: ANÁLISIS SEMIÓTICO DEL MUNDO NARRADO EN *TAXI DRIVER*
.... 88

    La identidad y perspectiva de Travis 88

    Iris & Betsy 121

    Sport & Palantine 131

CONCLUSIONES 141

INTRODUCCIÓN

A film is – or should be – more like music than like fiction. It should be a progression of moods and feelings. The theme, what's behind the emotion, the meaning, all that comes later.
Stanley Kubrick

Existe un parentesco entre la literatura y el cine, la forma más inmediata de justificar tal relación es la base literaria con que suelen contar la mayoría de los filmes de tipo narrativo: el guion. Con esto podemos preguntarnos: ¿es el cine solo una representación teatral que se filma? Puede serlo, sin embargo, las más de las veces es algo de proporciones mucho mayores. El séptimo arte es ciertamente una puesta en escena de un guion que se asemeja bastante a una obra teatral, la diferencia principal radica en que la cámara dota al director de cine de una habilidad que el director teatral nunca tendrá: la de decidir qué verá el espectador, desde qué ángulo y por cuánto tiempo, lo que no se limita al encuadre que se presente en un momento determinado.

Además de ello, hay que tomar en cuenta la relación que estos elementos tienen con los demás integradores del discurso cinematográfico, como la banda sonora, la escenificación, el vestuario, el guion (y junto a este, la ejecución). Por esta razón el cine se vuelve un arte tan fluido y de suma profundidad desde una perspectiva semiótica, semántica y por supuesto, narratológica, entre otras.

Para ilustrar la anterior declaración, pensemos en la claridad con que una escena en que cuatro individuos realizan acciones disimiles puede llevarse a cabo dentro de la literatura y dentro del cine. La literatura necesita valerse de varias descripciones y estas deben ser entregadas al lector en un orden determinado, por ello no pueden existir acciones del todo simultáneas. Por otra parte, una vez que un guion (original o no) es llevado a la pantalla, las descripciones se vuelven innecesarias, todas estas deben ser representadas por un signo dentro del encuadre, lo cual permite que se fundan entre sí y otorguen al discurso una riqueza narrativa más sutil.

Antes que nada, hay que explicitar que la clase de estudio que se pretende llevar a cabo es un análisis narratológico de los personajes alrededor de los cuales se construye el mundo en la cinta *Taxi driver*. Dicho esto, se debe responder si hoy en día gozan los filmes de Martin Scorsese y Robert De Niro (específicamente *Taxi driver*) de la suficiente relevancia cultural para que resulte preciso, útil o sustancial realizar un estudio en torno a esto. Tomando en cuenta que *Taxi driver* es considerada una de las películas más emblemáticas de la historia de acuerdo con el American Film Institute, que la posicionó en el número 52 de las 100 películas más importantes de la historia del cine americano, la respuesta es un claro sí.

Uno de los momentos de mayor importancia para el desarrollo del cine norteamericano y la consagración de Hollywood como la meca del cine fue aquel conocido como "la nueva ola", que marca un antes y después en aquello que está permitido mostrarse en un filme. De entre toda la producción de este período, *Taxi driver* resalta por sus personajes, las relaciones que existen entre ellos y sobre todo los movimientos casi shakespeareanos en su actuar, particularmente en el protagonista, Travis Bickle. Así pues, debemos plantear las siguientes preguntas: ¿Cómo impactó en el cine moderno la presencia de personajes como estos? ¿Cómo se podría alcanzar una mejor comprensión de su desarrollo y, por ende, del mundo que habitan?

En esta investigación se pretende realizar un esbozo de los tipos de personajes que interactúan a lo largo de la película *Taxi driver*, a partir de la narratología; asimismo se hará un análisis del espacio para poder comprender la importancia que tienen dentro de la cinta. Lo anterior, puede ser cuestionable, ya que estamos hablando de una serie de imágenes, sin embargo, se justifica porque dentro de las producciones cinematográficas se aplican muchos de los elementos utilizados en las narraciones, ya que todas las películas se basan en un guion escrito que muta a imagen y sonido.

La película *Taxi driver* es uno de los filmes más relevantes del cine norteamericano; por lo tanto, alrededor de ella giran infinidad de estudios y análisis, los cuales en su mayoría abordan la psicología de su protagonista. Otros, se enfocan en aspectos técnicos de la producción o en la relevancia que tiene para la cultura popular. Sin embargo, no se localizó ningún trabajo que abordara a los personajes desde la narratología, considerando el entorno en el que se desenvuelven la principal guía que, se considera, es un factor determinante para su comportamiento.

Entre estos estudios podemos contar "The making of Taxi Driver", documental filmado por Columbia TriStar en el que se entrevista a los principales miembros de la producción del filme, por supuesto, el documental dirigido por Scorsese "A personal Journey trough american film with Martin Scorsese", donde habla sobre el cine americano y como influyeron en su obra diferentes directores, la "Masterclass" que se filmó en 2018 donde habla de su propia obra, "Social ills and the one man solution: Depictions of the evil in the vigilante film" de Glenn Novak, "An Integral Analysis of Martin Scorsese´s 'Taxi Driver'" de Daniel Roth, " 'You talking to me?' La psicología del taxista de Martin Scorsese", entre otros. También podría mencionarse el conocido libro "Scorsese on Scorsese" que es una compilación de entrevistas en que se ofrece la visión del director sobre sus propios filmes, así como los comentarios sobre el filme que hace para el lanzamiento de este dentro de la colección Criterion.

Para la ejecución del análisis que arriba se propone, se utilizarán principalmente las siguientes fuentes: *El relato en perspectiva* de Luz Aura Pimentel; *Umbrales* de Gerard Genette; *Historia y discurso* de Seymour Chatman. Los conceptos son aquellos referentes a la construcción de la narración a partir de los personajes y el espacio.

De *El relato en perspectiva* se retomarán los capítulos dedicados al análisis del espacio, los narradores y el personaje, ya que el análisis que se plantea es posible precisamente debido a la inusual unión de estos tres elementos que sucede en *Taxi driver*. Llamamos inusual a esta unión debido a que en la mayoría de los discursos cinematográficos no existe un narrador y el mundo es visto siempre desde fuera, sin embargo, en el filme dirigido por Scorsese el espectador se encuentra con que el personaje protagonista, además de principal conductor de la narración, funciona como narrador en más de una ocasión y es el punto a través del cual se conoce el mundo en que sucede la historia que protagoniza.

En el caso del texto escrito por Seymour Chatman, se tomarán en cuenta los puntos en que se buscan conciliar las diferencias que existen entre la narrativa propiamente escrita y aquella acompañada de imagen y sonido. También se han de señalar las diferentes definiciones que se proponen para la narración o el arte de narrar, junto con sus estructuras, procesos y puntos centrales.

CAPÍTULO I
PRECISIONES HISTÓRICAS EN TORNO AL CINE, MARTIN SCORSESE Y *TAXI DRIVER*

El cine comenzó con una apasionada relación física entre el celuloide y los artistas, artesanos y técnicos que lo manejaban, así llegaron a conocerlo de la forma en que el amante conoce cada pulgada del cuerpo del amado. No importa hacia donde vaya el cine, no podemos perder de vista cómo fueron sus inicios.

Martin Scorsese

Breve recuento de la historia del cine norteamericano

Llama la atención que al cine se le suela llamar "nueva narrativa", "séptimo arte" o incluso "arte joven", esto por supuesto haciendo referencia al momento de su aparición y consolidación como arte en comparación con las otras seis. A pesar de su aparente tardío nacimiento, se puede pensar que el cine fue dentro de la imaginación del hombre el arte primigenio, puesto que desde el comienzo los hombres han deseado capturar el lenguaje de la naturaleza que les rodeaba, es decir, la imagen y el movimiento. El único problema que representa llamar al cine "arte primero" son las limitaciones tecnológicas que no le permitieron manifestarse físicamente al mismo tiempo que lo hizo dentro de la mente humana.

El deseo de aprehender la imagen y el movimiento (y sus inherentes cualidades narrativas) ha acompañado al hombre desde sus inicios; las primeras manifestaciones de la realización de este sueño datan hasta los 35,000 años de antigüedad y se encuentran en la cueva de Altamira en España. En la búsqueda de este sueño de aprehensión, la humanidad (quizá sin la intención de hacerlo) comenzó a crearse a sí misma a través de la aparición casi simultánea del lenguaje, el mito, y el arte, de cuya unión nace nuestro objeto de estudio, la narrativa.

Quizá el punto más alto de los inicios del discurso narrativo se da en la Antigua Grecia al aparecer la *Ilíada* y la *Odisea* las cuales son el comienzo de una vastísima tradición discursiva que se sigue expandiendo día con día. Dicha tradición suele ser limitada únicamente a la literatura, o bien, al lenguaje escrito pensado tan solo para ser leído, esta definición resulta paradójica ya que algunas de las cumbres de la literatura fueron creadas con la intención de ser representadas, no leídas, por ejemplo, el *Fausto* de Goethe, el cual es común olvidar que fue escrito en forma de drama, así como cada una de las tragedias, comedias y dramas shakespeareanos. Con puntos como este en mente, podemos decir, como lo hace Gillo Dorfles, que "todo intento que en nuestros días se oriente hacia una clasificación y una definición sistemáticas de las diversas artes, de los diferentes lenguajes artísticos, no puede resultar sino extremadamente aleatorio".[1]

Por ello, para la realización de este análisis, se ha optado por dejar de lado la distinción entre el discurso literario y fílmico, en lugar de eso nos hemos de centrar en el discurso cinematográfico como una amalgama de estos dos. A diferencia de otras artes, no resulta demasiado difícil precisar en qué momento o de la mano de quién aparece por primera vez el cine. Debido a que su primera aparición no data de más de siglo y medio, su historia resulta relativamente simple, claro que cada país o incluso cada realizador dota de su propia identidad o esencia al cine que produce, la historia de este fenómeno se suele estudiar a partir de las naciones en que se da o bien, de sus protagonistas (actores, directores, guionistas, etc.). Como lo dice el director de *Goodfellas* (1990) en *A personal journey with Martin Scorsese through american movies* (1995),

---

[1] Dorfles, Gillo, *El devenir de las artes*, Fondo de Cultura Económica, México, 2004, pág. 13.

hablar de la historia del cine es como visitar un museo imaginario y como el mismo director señala, en el tiempo que tenemos, no es posible visitar todas las habitaciones. Por ello, habremos de limitar nuestro breve recuento principalmente al cine norteamericano hasta llegar al génesis de nuestro objeto de estudio, *Taxi driver* (1976).

La historia del cine norteamericano empieza en 1895, pero a diferencia de la historia universal del séptimo arte, no comienza de la mano del invento de los hermanos Lumiére, sino de uno bastante parecido y comúnmente olvidado conocido como el vitascopio, el cual fue creado, como podría esperarse, por Thomas Alva Edison. Claro que las pequeñísimas diferencias técnicas entre uno y otro aparato no impactaron en la forma en que el cine norteamericano llegó a desarrollarse y pronto convertirse en el referente por excelencia de toda producción fílmica.

Al inicio, las películas eran representaciones mucho más rudimentarias que las que conocemos hoy en día, como ejemplo podemos tomar las diez películas que constituían el programa de proyección con que los hermanos Lumiére hicieron llegar al mundo una nueva forma de arte, en estas se podía ver a los obreros de la Fábrica Lumiére saliendo de ella, a un tren llegar a una estación y un muro siendo derribado. Antes que llamárseles películas o filmes, se les llamó "vistas", carecían de pretensiones narrativas, color y sonido. Estas "vistas" gozaron de un éxito tan grande que apenas siete años después de su aparición se fundó en California el primer cine permanente.[2] Después de este, y debido a la popularidad del nuevo arte, entre las décadas de 1910 y 1940 comenzaron a aparecer cientos de cines cada año y conforme avanzaba la complejidad técnica y estética de los filmes, lo hacía la de los cines en donde estos eran proyectados.

Dentro de tales avances en torno a la complejidad técnica del cine se pueden incluir tres elementos clave, el uso de efectos especiales, el color y el sonido. Cuando hablamos de los inicios del primero, se suele pensar en los fundadores de los Estudios Zoetrope y sus contemporáneos junto a algunas de sus creaciones más icónicas como *E.T. the Extra-Terrestrial* (1982) de Steven Spielberg, *THX 1138* (1971) de George Lucas, *Back to the future* (1985) de Robert Zemeckis y por supuesto, la piedra angular de los efectos especiales modernos, *Star Wars* (1977)[3], sin embargo, los efectos

---

[2] Se debe explicitar su cualidad de permanente debido a que anteriormente las proyecciones se realizaban en cualquier lugar que satisficiera las necesidades técnicas del equipo de proyección.
[3] Que más tarde llegaría a ser conocida como "A new hope".

especiales del cine tienen un comienzo mucho anterior a esto. Es a finales del siglo XIX cuando George Méliès accidentalmente introduce en una filmación un efecto especial o ilusión, esto sucedió debido a que mientras grababa una calle de París, su cámara se trabó y después de un momento comenzó a grabar de nuevo. Al revisar el producto obtenido, Méliès notó que los autos de la calle parecían desaparecer, lo que lo llevó a desarrollar la técnica conocida como empalme, que más tarde usaría en más de uno de sus filmes entre los cuales destaca *Voyage dans le lune* (1902), la cual por cierto es el primer ejemplo de color en el cine.

El color de los filmes de inicios del siglo XX, como es de esperarse, no se puede comparar con las grandes odiseas visuales del cine moderno como *Tree of life* (2011) o *The Grand Budapest Hotel* (2014). Los primeros intentos por llevar el color al cine se dieron desde el mismo momento en que se logró capturar las imágenes que conformarían las vistas primigenias. Para lograr la adición de tintes a un filme en la era de las vistas, se debía pintar a mano cada uno de los fotogramas que formarían parte de dicho film a color, formando cada 24 un segundo de grabación, es decir, si se deseaba producir un minuto de video a color, se debían teñir a mano 1440 cuadros minúsculos de celuloide. Además de las inconveniencias de trabajo, este método planteaba otras dificultades, como el limitado espectro de color que permitía que se proyectara.

Con el tiempo surgieron diferentes métodos para la proyección de películas a color, como el de sustracción que consistía en el empalme de dos rollos tradicionales de celuloide tratados y teñidos, uno en cian y el otro en rojo. Es común creer que después de este sistema de dos rollos surgió el conocido y alabado Technicolor para revolucionar la industria y aunque en parte sucedió así, hubo otros métodos semejantes que gozaron de menor reconocimiento en su momento y suelen ser olvidados, entre ellos están el Gasparcolor, Eastmancolor, Cinecolor y Trucolor.[4]

En tanto al sonido, los primeros pasos se dieron hasta la década de 1920, el primer largometraje presentado como cine sonoro fue *The Jazz Singer* (1927), no obstante, hay quien considera que la época del sonido comienza en 1929 cuando se dejan de producir filmes mudos. Es en esta época cuando surge el "sistema de estudio", método de producción bajo el cual los grandes estudios mantenían en su nómina a

---

[4] *Cfr.* David A. Cook, *A History of Narrative Film* (2nd edition, W. W. Norton & Company, 1990).

directores, actores, músicos y demás, en adición a ello, los estudios eran dueños de los cines en que se presentaban sus películas, lo cual garantizaba su éxito.[5]

El sistema de estudio se mantuvo en funcionamiento por casi tres décadas, las cuales coinciden con gran parte de la "Edad de Oro de Hollywood", que se distingue de toda otra época por su característico estilo narrativo y estético. Durante esta época, aparecieron en la pantalla dorada algunas de sus más grandes luminarias tales como Humphrey Bogart, Ingrid Bergman, Audrey Hepburn, Clark Gable, Grace Kelly, Marlon Brando, Lauren Bacal, y tantos otros. Debido a la enorme producción de entonces, el sólo mencionar algunos de los filmes de mayor relevancia de este período se vuelve difícil, pues pareciera que en ningún otro momento de la historia ha existido una producción tan rica (y por ello el nombre), aun así, algunos de los más icónicos de la época son *Casablanca* (1942), *Gone with the wind* (1939), *Citizen Kane* (1942), *The searchers* (1956) y *On the waterfront* (1954).

Con todo lo que sucedía en el mundo al terminar la Edad de Oro se podría esperar que el cine de Hollywood

---

[5] *Cfr. Story of film: An Odyssey* "The world discovers a new art form".

entrara en una especie de recesión, pero no fue así. Tan solo en el año de 1969 se presentaron los primero casos de VIH en Estados Unidos, decenas de miles de jóvenes murieron en la Guerra de Vietnam, la Guerra Fría amenazaba con convertirse en una Tercera Guerra Mundial, la "familia Manson" se dio a conocer y llevó a cabo los asesinatos Tate, llamados así por una de las víctimas, Sharon Tate, estrella de cine y esposa de Roman Polanski, director de *Rosemary's baby* (1968). Sin embargo, el cine siguió, llegaron los 70's y con ellos un grupo de directores que desafiaban la forma de hacer cine del pasado, entre ellos destacan Woody Allen, Mike Nichols, Francis Ford Coppola y por supuesto, Martin Scorsese. A la producción de este momento se le conoce como "nuevo Hollywood" o "nueva ola americana" y pertenece al llamado nuevo cine americano.[6]

Según Mark Cousins, el nuevo cine americano puede ser clasificado dentro de tres grandes categorías, los filmes disidentes, los satíricos y los de asimilación. El primero de ellos, como el nombre lo sugiere, tiene una sola característica primordial, la de tener un protagonista disidente, solitario, alejado del mundo y aun así disuelto en

---

[6] *Cfr. Story of film: An Odyssey* "New american cinema".

él, por ejemplo, Harry Caul en *The conversation* (1974) o bien, Travis Bickle en *Taxi driver* (1976). La película satírica es siempre una parodia o crítica de la realidad, una burla del mundo en que se realiza, como *Annie Hall* (1977). Y por último el filme de asimilación que es simplemente uno que más que dejar atrás la formas en que se hacía cine durante las primeras décadas, busca perfeccionarlas, lo que no le resta mérito, en esta categoría podemos encontrar, por ejemplo, la obra cumbre de Francis Ford Coppola *The godfather* (1972).[7]

La nueva ola de cine americano encuentra sus barreras espaciales apenas terminada la década de 1970, no obstante, el nuevo cine americano puede rastrearse hasta entrado el siglo XXI, de mano de los mismos directores que se mencionaron más arriba, pues en su mayoría siguen activos, además de nuevas generaciones de ellos que llegaron con el pasar de los años, como Richard Linklater o Sofía Coppola quien participó como actriz en catorce filmes antes de dirigir su primer largometraje, *The virgin suicides* (1999). No obstante, sin importar el impacto cultural que

---

[7] Ídem.

hayan tenido, este breve recuento debe terminar justo aquí, en la década de 1970.

Origen y características del género neo-noir

Es fácil delimitar las barreras de los períodos históricos del cine, "la nueva ola" por ejemplo se extiende por todo lo largo y ancho de la década de 1970 y mientras un filme se haya rodado en ese tiempo, sus características estéticas y formales pueden ser de lo más variadas y aun así pertenecer a la ola. Con los géneros cinematográficos sucede algo diferente, lo cual complica la clasificación de toda clase de obras discursivas, entre ellas el cine. Menciona Northrop Frye: "La teoría crítica de los géneros se ha quedado estancada precisamente donde la dejó Aristóteles. La misma palabra en sí, "género" (genre), resalta en una frase inglesa como algo extraño e impronunciable".[8] El concepto de género, pues, se ha estudiado desde la época clásica hasta nuestros días, sin embargo, su desarrollo no ha sido siempre el más claro.

En la *Poética*, Aristóteles señala que existen diferentes especies de poesía y cada una de ellas posee ciertas cualidades de las que no se puede desprender.

---

[8] Frye, Northrop, *Anatomía de la crítica,* Princeton University Press, Canadá, 1957, pág. 13.

Entendamos pues que, en su forma primigenia, el género es una subclasificación de la poesía, la cual, para fines prácticos, hemos de entender como lo dice Platón en *El banquete,* es decir, toda creación "del alma mediante el cultivo de la virtud y el conocimiento".[9] Dicho lo anterior habría que responder ahora a la interrogante: ¿cómo se distinguen esas especies en los diferentes tipos de creación? Y es justo aquí donde se complica, según René Wellek y Austin Warren, "el género debe concebirse como una agrupación de obras literarias efectuadas en base, teóricamente, tanto a la forma externa (metro o estructura específicos) como a la forma interna (actitud, tono, intención, o, por decirlo claramente, el tema y el público)."[10]

Entonces, se puede entender que un género específico no nace a partir de un conjunto de preceptos que fueron determinados antes de su génesis, sino que la aparición de varias obras con múltiples semejanzas tanto en la forma externa como interna darán origen a un género, sin embargo, esto no responde a todas las interrogantes alrededor del significado de género. Para simplificar esto,

---

[9] Platón, *Diálogos,* Gredos, Madrid, 1982.
[10] Wallek, René; Austin Warren, *Teoría literaria,* Gredos, Madrid, 2009, pág. 231.

Richard T. Jameson declara que, así como las personas pertenecen a una familia, las películas pertenecen a un género y a esto, me parecería útil añadir, que al igual que las personas, una película puede pertenecer a más de un género. Entonces, existen piezas cinematográficas que pueden considerarse especímenes puros de un género en concreto, así como híbridos de dos o más de ellos. Esta pureza o ausencia de ella, dependerá de cuántas características de cada género posee una cinta específica. Identificar a qué género pertenece un filme no siempre resulta una tarea sencilla, pues difícilmente puede pensarse en ejemplares puros y sin mutaciones de ellos.

Rick Altman en *Los géneros cinematográficos* declara que hay cuatro presupuestos elementales en la teoría de la clasificación, estos son:

a) La producción de estas películas se llevó a término siguiendo un esquema básico y reconocible de género.

b) Todas ellas muestran las estructuras básicas que se acostumbran a identificar con el género.

c) Durante su exhibición, cada película se identifica mediante una designación de género.

d) El público reconoce de manera sistemática que pertenecen al género en cuestión y las interpretan de manera acorde.[11]

A pesar de lo anterior, una cinta puede cumplir a cabalidad con los preceptos anteriores y aun así ser encasillada dentro de más de un género. El caso de nuestro objeto de estudio actual es uno afortunado ya que (en medida de lo posible) es un filme neo-noir tanto por su forma externa como interna, lo cual simplifica el proceso de interpretación del espectador.

Para que el espectador pueda completar el proceso de producción-distribución-recepción, resulta útil (aunque no es obligatorio) que el receptor de la obra artística tenga una idea de lo que cada género representa y hasta donde se extiende. Como se sugería más arriba, cada creación posee unas características específicas que le permiten enmarcarse en un género, en el caso del neo-noir, como el nombre lo sugiere, es una nueva manifestación del filme noir. El filme noir, conocido también como cine negro y a pesar de que en la actualidad es un género del que no se puede prescindir al trazar una historia del cine, en especial de la primera mitad

---

[11] Altman, Rick, *Los géneros cinematográficos,* Paidós, España, 1999, pág. 37.

del siglo XX, no recibió formalmente este nombre sino hasta décadas después de que hubiera pasado su momento más alto. "Al principio, el término 'noir' que el inglés utiliza, fue un préstamo directo de la expresión francesa *roman noir* y sólo se utilizaba como adjetivo descriptivo para películas con una atmósfera sombría".[12] Con el tiempo, lo que este adjetivo designaba creció hasta convertirse en un género cinematográfico.

El filme noir tiene su origen en las novelas de detectives escritas por Dashiell Hammett, de las que se filmaron múltiples adaptaciones. De entre todas ellas, *The maltese falcon* (1941) sobresale y desde su creación se ha mantenido como uno de los referentes inmediatos del género negro. Las características que definen a este género desde la perspectiva visual son el uso de luces de intensidad media o baja, una relación dispareja entre la saturación del color negro en comparación a los otros, la persistencia de la noche en las escenas u objetos que la recuerden, interiores distorsionados por el encuadre utilizado, que se encuentra casi siempre en el rango del plano medio y el primer plano desde un ángulo normal (a excepción de las tomas realizadas

---

[12] Ibídem, pág. 93.

en exteriores, en que se suele utilizar también el plano general).

Desde la perspectiva narrativa, la presencia de un narrador en voice-over es casi primordial, ese narrador suele ser el personaje protagonista que cuenta los sucesos de acuerdo con su propia perspectiva u ofrece aclaraciones sobre algunos de los personajes y su modo de proceder o su pasado. Para arrojar más luz a lo que esta técnica representa y cuál es su uso, los editores de la universidad de Montana declaran: "The voice-over is a subjective/confessional narration who is telling the story out of a need to confess/purify/cleanse his conscience. The narration personalizes the experience, like a 1st person novel".[13]

Otra característica típica del filme noir, es el tipo de personajes que presenta y la clase de relaciones que hay entre ellos. El protagonista, al igual que en la novela de detectives en la que encuentra su origen, es un personaje gris, solitario, que no pertenece a un círculo o estrato social definido, sin

---

[13] "El voice-over es una narración de tono subjetivo/confesional que se realiza por la necesidad que tiene el narrador de confesarse, purificar o tranquilizar su conciencia. La narración hace más personal la experiencia, como una novela en primera persona." (Traducción propia) Consultado en http://www.umontanamediaarts.com/MART101L/characteristics-of-film-noir

embargo, puede desarrollarse sin dificultades por lo alto y lo bajo, como el detective Philip Marlowe. El personaje principal debe estar buscando algo y la razón de ello no es lo que comúnmente se calificaría de "noble", pues el héroe de estos filmes suele tener una visión utilitaria del mundo. Debido a la naturaleza de sus personajes, el entorno en que se desenvuelven suele ser lúgubre y oscuro.

Como se destacó, el género negro surge a principios del siglo XX, sin embargo, al día de hoy (unos 100 años después de su génesis) se siguen produciendo películas según el esquema básico y reconocible (como lo dice Altman) que permite designar a un grupo de filmes dentro del género negro pero debido al momento o la forma en que fueron filmadas, no pueden ser llamadas simplemente "film-noir", es aquí donde surge el objeto de nuestro estudio, el neo-noir.

Lo primero que se debe destacar para definir tal género, es la sutil diferencia que existe entre éste y el que le precedió. La mayoría de los elementos clave, como el tipo de personaje y ambiente, se encuentran tanto en el film-noir como en el neo-noir y por esto pudiera parecer que la diferenciación entre uno y otro género se limita al tiempo en que se realizaron, es decir, cualquier obra cinematográfica realizada en la década de los setenta o posterior será neo-noir y lo anterior film-noir. Aunque este sistema de delimitación podría funcionar, hay que resaltar que existen puntos en que se diferencian las categorías anteriores.

     Lo principal y más notorio, como ya se decía, es el tiempo en que se realiza uno y otro filme, puesto que los pertenecientes al género noir, suelen ser filmes en blanco y negro e incluso mudos. El neo-noir, por su parte, se vale de toda la tecnología que surgió durante la década de 1970 y delante para lograr efectos que sería imposible concebir durante los días primeros del séptimo arte. Dentro de estos efectos se pueden tomar en cuenta algunos de tipo estético, como puede ser el limitado uso de color en *Chinatown* (1974) de Roman Polanski, que consiste más que nada en el uso de tonos amarillos y naranjas. También se puede pensar en la presencia casi desmedida y sin embargo fluida de SFX[14] en filmes como *Blade Runner* (1982) así como su secuela del siglo XXI *Blade Runner 2049* (2017).

     En adición a esto, hay que señalar que una de las diferencias primordiales no reside en la forma en que son vistos los personajes por el espectador, pues los personajes

---

[14] Efectos especiales.

clásicos del film-noir, de entre los cuales quizá el más emblemático es Sam Spade deben ser percibidos por su audiencia como un héroe o bien, anti-héroe cuyo modo de actuar no siempre es claro, pero que no se llega a alejar completamente de lo que se considera bueno dentro de su mundo. Mientras que el protagonista del género surgido en los años setenta puede llegar a ser (además de un héroe o anti-héroe) el antagonista tal como Max Cady en *Cape Fear* (1991)[15] un simple espectador de los hechos como en el caso de Jeffrey en *Blue Velvet* (1986) de David Lynch, o incluso podría ser parte de la imaginación de otro personaje, por ejemplo, Tyler Durden en *Fight Club* (1999).

Además de lo anterior, los personajes tienen una identidad propia y/o en desarrollo y no siempre bien definida, lo cual permite diferenciar con facilidad a unos de otros. Para ilustrar este punto, se podría realizar una tabla que compare a dos personajes del género negro, como el antes mencionado Sam Spade y Philip Marlowe (ambos interpretados por Humphrey Bogart) y se descubrirá que no existen tantas diferencias como podrían encontrarse por

---

[15] A pesar de que este filme es una adaptación del estrenado en 1962 y dirigido por J. Lee Thompson, se puede argumentar que en la primera producción no era Max Cady el protagonista, sino el abogado que testificó en su contra, Sam Bowden.

ejemplo entre Neil McCauley y Jake LaMotta (interpretados por Robert De Niro) o bien el teniente Vincent Hanna y Frank Serpico (ambos agentes de policía representados por Al Pacino).

Esta búsqueda de la identidad o bien, la individualidad, es un tema común en los filmes del género neo-noir y es quizá el mayor punto de quiebre con el tipo de cintas que se hicieron antes de esto. Un porcentaje considerable de los protagonistas de estos filmes sufre una crisis relacionada con la identidad, las más de las veces, debido a que son marginados de la sociedad en una o muchas formas. Uno de los casos más claros de esto, es precisamente el de Travis Bickle, en *Taxi Driver* (1976), que es rechazado y visto como un individuo que se encuentra en la periferia de lo socialmente aceptable.[16] Esta relación entre el tipo de personajes y filmes en que se encuentran no es exclusivo de este género, de hecho, Aristóteles, en un apartado de su *Poética*, se dedica a la clasificación de los personajes dentro de las obras literarias de su tiempo. Según el estagirita, las obras tomarán las características de los actuantes que en ellas se encuentren, estos personajes pueden clasificarse en tres

---

[16] No solo por los personajes que le rodean sino también por el espectador.

niveles, siendo estos: A) mejor que nosotros B) igual a nosotros y C) peor que nosotros.

En el caso del cine, esta clasificación demostraría ser insuficiente, puesto que la bondad y maldad no pueden medirse usando los mismos parámetros que sirvieron al seguidor de Platón. Para poder clasificar obras artísticas contemporáneas a través de un método contemporáneo, Northrop Frye sugiere el uso de cinco categorías nacidas del tipo de poder de acción del héroe o protagonista de tal pieza. Muy parecido a Aristóteles, delimita niveles sobre o bajo los cuales puede encontrarse el héroe (o en este caso, el antihéroe), estos van desde la superioridad casi divina hasta la inferioridad en inteligencia y poder del más pequeño de los hombres.

Estas obras de que hablamos se pueden englobar (según Frye) dentro de tres grandes modos ficcionales, los temáticos, los trágicos y los cómicos. Claro que debe tenerse en mente que ningún proceso o medio de conglomeración o clasificación llegará a ser perfecto, por lo que no debe resultar sorprendente encontrar matices de un modo dentro del otro o una bien lograda fusión de comedia y tragedia. Este tipo de fusión es lo que permite la existencia de personajes duales o, como se dijo anteriormente, con crisis de identidad, pues se encuentran entre más de un modo ficcional.

De acuerdo a lo que puede encontrarse en el primer capítulo de *Anatomía de la crítica*, las historias (sean de naturaleza trágica o cómica) pueden aplicarse al principio de acción del héroe lo que llevará al acomodo o categorización de estas a través de la unión de dos elementos contenidos en ellas, por ejemplo, si una pieza es trágica y sus personajes forman parte del nivel de personaje más alto, es decir, el divino, podrán llamarse dionisíacas, si se encuentran en un mimético bajo e igualmente son trágicas, serán "sensacionales".[17]

Antes de proceder o juzgar el método propuesto por Frye, hay que tomar en cuenta el momento en que se escribe, la proximidad o lejanía entre él y su lector y por su puesto las influencias que tuvo y la forma de crítica que se practicaba en su tiempo. Lo que Northrop Frye pretende lograr en su *Anatomía de la crítica* es bastante claro desde el inicio. Desarrollar un medio de crítica literaria mediante el cual sea posible la sistematización del mayor número de modos y teorías de crítica posibles. Esto no lo busca de una

---

[17] *Cfr.* Frye, Northrop, *Anatomía de la crítica,* 1957.

forma tradicional, entregando un extenso diccionario de símbolos o elementos precisos que deban ser considerados como canónicos, en lugar de ello, se vale de términos que vienen desde lo que podríamos llamar el principio de la crítica.

El primer capítulo, como se menciona en el título de este texto, fue designado como "Crítica histórica" y comienza separando en partes a la poesía, esto lo hace, parafraseando al Brutus de Shakespeare, "no con grandes tajos iracundos como si fuese a darse a los perros, sino con la precisión del cincel como si fuese alimento para los dioses".[18] El primer paso es delimitar el mythos, el ethos y la dianoia. Una vez combinados estos elementos se obtendrán un total de quince posibles categorías.

La tragedia, como los otros dos modos, se divide en cinco: mítico, romántico, mimético alto, mimético bajo e irónico. La tragedia mítica, como el nombre debe sugerirlo, trata de las desgracias ocurridas a los dioses, como la muerte de Hércules u Orfeo. La tragedia romántica suele recordar la muerte de héroes casi míticos, como sucede en *La muerte de Arturo* o *El cantar de Roldán*. La tragedia del mimético alto,

---

[18] Shakespeare, William, *The complete works of William Shakespeare*, Estados Unidos, Avenel Books, 1975, pág. 820.

presenta la muerte de hombres nobles, ejemplo de ello son las tragedias de *Otelo* y *Hamlet*. El mimético bajo muestra a los personajes comunes y corrientes en su sufrimiento, ejemplo de ello es Tess, protagonista de la tragedia de Hardy y por último tenemos el nivel irónico, que presenta a lo más bajo en la escala humana, individuos perseguidos, débiles o lamentables, como Joseph K o Gregorio Samsa.

A diferencia de la tragedia, la comedia no trata de mostrar la exclusión de uno o varios personajes dentro de su entorno social, sino por el contrario busca dar evidencia de su inclusión. En todos sus modos podemos encontrar los mismos motivos que en la tragedia, la comedia mítica, por ejemplo, habla de hechos que un ser sobrenatural debe superar para poder ser aceptado, como ejemplo nuevamente funciona Hércules con sus trabajos. En el modo romántico se busca la inclusión de un personaje a la vida sencilla del campo, como sucede en la *Arcadia* de Lope de Vega. El mimético alto suele tratar de un personaje central fuerte y carismático se vale de esto para alcanzar el honor o la riqueza, claro ejemplo de ello es Falstaff en casi todas las comedias shakesperianas en que aparece.

En la comedia de mimético bajo se muestra una elevación social por parte del protagonista y casi siempre tiene un final patético, como puede serlo un baile, un festín o una boda, para ejemplificar pueden usarse los personajes de *La fierecilla domada* o *Mucho ruido y pocas nueces*, ambas procedentes de la pluma del bardo. Para la comedia irónica existe un rango más amplio de clasificación y es donde pueden encontrarse más matices de tragedia.

Por último, en el modo temático hay un ligero cambio en la forma de clasificar, las categorías siguen siendo las mismas, pero en este caso no se buscan únicamente dentro del texto, sino también en la forma en que se dice que fueron creados, por ejemplo, en el nivel mítico, las obras fueron creadas bajo la influencia divina o por contacto directo con dioses, tal como *La Odisea* o *La Biblia*. En el nivel romántico los dioses no crean las obras, pero es trabajo de seres casi divinos o especiales de algún modo el llevarlas a cabo. En el mimético alto se da prioridad a ciertos conceptos abstractos como la patria o el terruño, lo que hace que en esta categoría se encuentren principalmente himnos, odas o épica nacional. En el mimético bajo lo más importante es la visión del poeta y, por último, en el nivel irónico, el autor no es más que un mero espectador de los hechos.

Vida y obra de Martin Scorsese

Hijo de Luciano Charles y Catherine Scorsese, Martin nace el 17 de noviembre de 1942 en la Ciudad de Nueva York, la cual goza de gran importancia en su obra. Aunque se le conoce principalmente como director, el neoyorquino también se ha desempeñado como guionista, actor y por supuesto, productor de cine. Como su apellido lo sugiere, el director de *The wolf of Wall Street* (2013) tiene raíces italianas, sus abuelos (tanto maternos como paternos) provenían de la región de Sicilia, lo cual se vuelve patente en algunos de sus filmes, particularmente en *Italianamerican* (1974), *Goodfellas* (1990), *Raging bull* (1980) e incluso en *Gangs of New York* (2002).

Martin, al igual que casi el 90% de los italianos[19], fue criado como creyente católico, la religión era tan importante en el ambiente en que Scorsese se desarrolló que, durante toda su adolescencia y parte de su vida adulta, tuvo la intención de convertirse en sacerdote, no obstante, se decidió por el cine al egresar de la escuela preparatoria. Obtuvo el título de bachiller universitario en letras en filología inglesa

---

[19] Centro de investigación Pew, "Panorama global de la religión", 2012, resultados del estudio y las encuestas aplicadas consultadas en https://assets.pewresearch.org/wp-content/uploads/sites/11/2012/12/globalReligion-tables.pdf

en la Universidad de Nueva York y más tarde la Maestría en Bellas Artes.

Quizá relatar algunos de los episodios de la vida de un hombre parezca irrelevante para alcanzar el objetivo que se pretende con un estudio de esta naturaleza, no obstante, tal como relata David Skinner, la vida del director de *Cape fear* (1991) da la impresión de ser algo parecido a un guion en desarrollo o un proyecto suyo que aún no ha sido terminado. Posiblemente se debe a que las vivencias de Scorsese suelen verse reflejadas en su producción fílmica, o en gran parte de ella.

Siendo aún estudiante de la Maestría, Scorsese dirigió tres cortometrajes, el primero de ellos: *What's a Nice Girl Like You Doing in a Place Like This?* (1963), es una comedia de tan solo nueve minutos de extensión que además de ser dirigida, fue escrita por el mismo Scorsese; es la primera de las dos únicas piezas cómicas que el italoamericano ha dirigido en más de cincuenta años de carrera. La segunda y mucho más relevante y popular en la actualidad es *The King of Comedy* (1982)[20], que es la única

---

[20] Cuya popularidad incrementó debido a la relación que existe entre esta y el filme de Todd Phillips *Joker* (2019), el cual causó un gran impacto social y cultural, especialmente entre las nuevas generaciones de espectadores frecuentes de cine.

comedia que realizó Robert De Niro en el siglo XX, así como es la única en que trabajaron juntos. Un año después de filmar su primer cortometraje, apareció *It's Not Just You, ¡Murray!* (1964), al que siguió *The Big Shave* (1967), una crítica al papel que desempeñaban los Estados Unidos en Vietnam.

Al terminar sus estudios comienza formalmente su carrera como director, su primer filme recibe el nombre de *Who's that knocking on my door* (1967) aunque el título original era Call first. Sin embargo, *Mean Streets* (1973) suele ser considerada como su primera gran producción y es a su vez, la primera colaboración entre el director y Robert De Niro. Fue en este momento de su carrera, al inicio de los setenta, que Martin Scorsese establece contacto con algunos de los directores de mayor éxito de su tiempo y de la historia, tales como George Lucas, John Cassavetes[21], Brian De Palma (quien por cierto le presentó a Robert De Niro), Steven Spielberg y por supuesto Francis Ford Coppola, quien insistía que era Martin quien debía dirigir la segunda parte de *The Godftaher* (1972), pero tomó el proyecto tras la negativa del estudio.

---

[21] Que es considerado el padre del cine independiente y de quién Scorsese aprendió filmar con recursos limitados.

La relación entre Cassavetes y Scorsese fue una de la que el segundo obtuvo un gran beneficio, puesto que la influencia del director de *Shadows* (1959) le permitió al italoamericano el filmar sus propios proyectos, siendo el primero de ellos la antes mencionada *Mean Streets* (1973) que contó con la participación de Harvey Keitel y Robert De Niro en los roles protagónicos, el éxito de este filme representó un salto enorme para la carrera de los tres. Sobre Cassavetes, dijo Scorsese:

> All of Cassavetes' films were "epics of the human soul". Watching them brings to mind a comment made by John Ford to a collaborator who was complaining about the miserable weather conditions when they were trying to shoot a picture in the desert. The man asked: "Look, Mr. Ford, what can we shoot out here?" And Ford replied: "What can we shoot?" The most interesting and exciting thing in the whole world, a human face.[22]

---

[22] "Todos los filmes de Cassavetes son "épicas del alma humana". Verlas me trae a la mente un comentario hecho por John Ford a un colaborador que se quejaba del mal clima cuando estaban intentando grabar una película en el desierto. El hombre preguntó: ¿qué podemos filmar aquí señor Ford? A lo que Ford contestó: "¿Qué podemos filmar? La cosa más interesante y emocionante en todo el mundo, un rostro humano." (Traducción propia) *Cfr.* Scorsese, Martin, *A personal journey with Martin Scorsese through American Movies*, British film institute, Reino Unido, 1995.

Scorsese y Keitel trabajaron un año más tarde en *Alice Doesn't Live Here Anymore* (1974) la cual obtuvo tres nominaciones a los premios de la academia, por su lado, Robert De Niro interpretó a Vito Andolini (Vito Corleone) en *The Godfather Part II* (1974) cuya aclamación universal tanto del filme como de su actuación catapultó a De Niro hasta el punto más alto de la fama y le dio la primera de las siete nominaciones al Óscar que ha tenido a lo largo de su carrera. El siguiente proyecto en que participaron juntos Scorsese, Keitel y De Niro fue precisamente *Taxi Driver* (1976), nuestro objeto de estudio.

Después de *Taxi Driver* (1976), Robert De Niro y Martin Scorsese trabajaron juntos en *New York, New York* (1977), de la cual poco puede decirse además que, a pesar de su aceptación por la crítica, fue un fracaso comercial. La siguiente colaboración entre el actor y el director sucedió tres años más tarde en la aclamada *Raging Bull* (1980), cuyo trabajo en ella le trajo a Robert De Niro su segunda estatuilla dorada y a Martin Scorsese su primera nominación a mejor director. Además de estas, el filme recibió otras seis nominaciones: mejor película, mejor actor de reparto, mejor actriz de reparto, mejor fotografía, mejor montaje y sonido.

Debido a su valor histórico, cultural y estético, *Raging Bull* (1980) fue elegida en 1990 para su preservación en el National Film Registry y ocho años más tarde fue posicionada como la vigésima cuarta mejor película de todos los tiempos por el American Film Institute en una de las listas de la serie AFI's 100 years...[23] También, dentro de esta misma serie, el filme de 1980 fue seleccionado como el mejor de la historia dentro del género de deportes. Además del anterior, en la lista de los 100 mejores filmes se encuentran *Goodfellas* (1990) y *Taxi Driver* (1976).

Después del éxito de *Raging Bull* Scorsese incursionó por segunda vez, con un largometraje en el terreno de la comedia, con el filme ya antes mencionado *The King of Comedy* y dos años después con *After Hours* (1985). Habiendo pasado este punto de su carrera, el italoamericano demostró el amplio rango de películas que podía filmar y se vio posibilitado para concretar un proyecto que hacía años que planeaba, este fue el polémico filme *The last temptation of Christ* (1988), con Willem Dafoe en el papel de Cristo. Luego vino *Goodfellas* (1990), su quinta colaboración con Robert De Niro y a esta siguieron grandes éxitos como *Cape*

---

[23] Las listas que conformaban esta serie aparecieron entre 1998 y 2008.

Fear (1991), The *Age of Innocence* (1993), *Casino* (1995), *Gangs of New York* (2002), *The Departed* (2006)[24], *The Wolf of Wall Street* (2013), entre otras.

Además de haber dirigido 24 largometrajes entre los que se encuentran todos los arriba mencionados, ha dirigido ocho cortometrajes, tres episodios de series televisivas, ocho comerciales y 16 documentales, de estos últimos destacan aquellos dedicados a explorar el impacto social y cultural que tuvieron algunos músicos de rock en Norteamérica, como los Rolling Stones en *Shine a Light* (2008), George Harrison en *George Harrison: Living in the Material World* (2011) y por supuesto, Bob Dylan en *No Direction Home: Bob Dylan* (2005) y *Rolling Thunder Revue: A Bob Dylan Story by Martin Scorsese* (2019).

Génesis e impacto de *Taxi Driver*

Al igual que cualquier otro filme, el primer paso que se dio para crear *Taxi Driver* (1976) fue la escritura de un boceto del guion final. Éste fue escrito por Paul Schrader en lo que llama un momento difícil de su vida, en sus propias palabras: "A number of things went wrong, my marriage broke up,

---

[24] Por la cual obtuvo su sexta nominación y primera estatuilla como mejor director en los premios de la Academia.

somebody i was living with, that broke up too, and i was without a place to live."[25] El guionista cuenta que duró semanas sin hablar con una sola persona y un día se le ocurrió usar un taxi como una metáfora de la soledad, "una soledad que lentamente arrastra a un hombre a la deriva."[26] Después de tener esa idea, Schrader escribió dos borradores del guion en tan solo 10 días.

A pesar de que la película se haya rodado y estrenado en el año de 1976, el guion estaba listo desde 1972, sin embargo, la colaboración entre Schrader y Scorsese se vio imposibilitada debido a que el segundo era un director con muy poca experiencia. Sobre esto, el director de *Goodfellas* (1990) dijo:

> I looked it, read it and said: i want to do it, but of course, i had no track record i had just made an exploitation film for Roger Corman called *Boxcar Bertha*, that was all. […] Julia Philips was very nice but she said once: 'listen you

---

[25] "Un número de cosas salieron mal, mi matrimonio terminó, alguien con quien estaba viviendo, eso también terminó y me quedé sin un lugar en el cuál vivir." (Traducción propia) *Cfr.* Bouzereau, Laurent *Making 'Taxi Driver'*, Columbia TriStar Home Video, Estados Unidos, 1999.
[26] Ídem. (Traducción propia)

don't have a track record, you have nothing, come back after you've done more than *Boxcar Bertha*.[27]

Y así fue, en ese mismo año, los Philips tuvieron la oportunidad de ver una película que Scorsese editaba, *Mean Streets* (1972), lo que condujo a los productores a entregar el proyecto al neoyorquino y a su vez, seleccionar a De Niro para el papel de Travis.

El resto de los papeles importantes se fueron ocupando casi por azar, por ejemplo, Harvey Keitel había sido seleccionado para interpretar a Tom, pero el actor pidió específicamente el papel del proxeneta, que en el guion original sólo tenía cinco líneas, así que se modificó para darle una mayor importancia, como este, otros cambios en el guion se hicieron al comenzar la filmación, siendo uno de los más notables el de la escena en que Travis habla con sí mismo en el espejo, la cual fue producto de la improvisación

---

[27] "Lo vi, lo leí y dije: quiero hacerlo, aunque claro, no tenía ninguna experiencia, acababa de hacer un filme para Roger Corman llamado *Boxcar Bertha,* eso era todo […] Julia Philips era muy agradable, pero una vez dijo: 'escucha, tú no tienes experiencia, tú no tienes nada, regresa cuando hayas hecho algo además de *Boxcar Bertha.*" (Traducción propia) Ídem.

de De Niro y encierra el momento más emblemático y distintivo del filme.

La frase enunciada por De Niro al improvisar frente al espejo (You talkin' to me?[28]) se convirtió en una de las más memorables no sólo del filme sino de la historia del cine. Fue posicionada en el lugar número 10 en la lista de las 100 citas más importantes de la historia del cine del American Film Institute. Esa misma línea puede encontrarse en un sinfín de filmes sin importar el género, el país de procedencia o el año en que fueron realizadas. Sobre el origen de esta, Martin Scorsese afirmó que estuvo inspirada en el acto de un comediante neoyorquino poco conocido, pero más tarde, mientras trabajaban en el filme *New York, New York* (1977) De Niro reveló a Clarence Clemons haberla escuchado dicha por Bruce Springsteen en un concierto mientras los espectadores gritaban su nombre.

No pasó mucho tiempo antes de que el filme se considerara uno de culto, lo que ha dado espacio a la teorización alrededor de diferentes elementos que lo componen, siendo la ciudad de Nueva York, Travis, la

---

[28] "You talkin' to me? You talkin' to me? You talkin' to me? Then who the hell else are you talkin' to? You talkin' to me? Well I'm the only one here. Who the fuck do you think you're talking to?", Scorsese, Martin, Taxi driver, 1976.

soledad y las escenas finales algunos de los motivos de mayor recurrencia. En "Geographies of Desire: Postsocial Urban Space and Historical Revision in the Films of Martin Scorsese", Sabine Haenni escribió:

> While Taxi Driver chronicles Travis's excessive response to the perceived decline of the city, perhaps more fundamentally, the decline of the city seems to engender the decline of the male hero—Travis's inability to function in individual, collective, and heteronormative terms.[29]

Respecto a la controversia suscitada por el final de la película y la posibilidad de una continuación, el aclamado crítico Roger Ebert escribió:

> Is this a fantasy scene? Did Travis survive the shoot-out? Are we experiencing his dying thoughts? Can the

---

[29] "Mientras Taxi Driver relata la excesiva respuesta de Travis a lo que percibe como el declive de la ciudad, quizá, más fundamentalmente, el declive de la ciudad pareciera engendrar el declive del héroe masculino, la inhabilidad de Travis de funcionar como un individuo, dentro de un colectivo y de acuerdo con los términos heteronormativos."
(Traducción propia) Haenni, Sabine, "Geographies of Desire: Postsocial Urban Space and Historical Revision in the Films of Martin Scorsese", pág. 67. Disponible en:
https://www.researchgate.net/publication/236756380_Geographies_of_Desire_Postsocial_Urban_Space_and_Historical_Revision_in_the_Films_of_Martin_Scorsese

sequence be accepted as literally true? ... I am not sure there can be an answer to these questions. The end sequence plays like music, not drama: It completes the story on an emotional, not a literal, level. We end not on carnage but on redemption, which is the goal of so many of Scorsese's characters.[30]

De la misma forma, Travis Bickle se convirtió en el personaje "vigilante" por excelencia y su influencia puede apreciarse en los protagonistas de *American Gigolo* (1980), *Light Sleeper* (1992) y *The Walker* (2007), todas ellas fueron escritas por Schrader, quien además mencionó que todos ellos son un mismo personaje que ha evolucionado con los años. En adición a estos, podemos ver remanentes de Travis en Rupert Pupkin, interpretado también por De Niro, en el personaje homónimo del filme *León: The professional* (1994), en Tyler Durden, de *Fight Club* (1999), "el

---

[30] "¿Es esta una escena de fantasía? ¿Sobrevivió Travis al tiroteo? ¿Experimentamos sus pensamientos al morir? ¿Puede la secuencia ser aceptada como verdadera? No estoy seguro de que haya respuestas a estas preguntas. La secuencia final se reproduce como música, no drama: completa la historia en un nivel emocional y no literal, no termina con muerte sino redención, que es el objetivo de tantos personajes de Scorsese." (Traducción propia) Ebert, Roger, "Taxi Driver review", disponible en:
https://www.rogerebert.com/reviews/great-movie-taxi-driver-1976

conductor", interpretado por Ryan Gosling en la cinta *Drive* (2011) de Winding Refn, y por supuesto, el último año en el Arthur Fleck de Joaquín Phoenix.

CAPÍTULO II
LA SEMIÓTICA Y LA NARRATOLOGÍA EN EL DISCURSO CINEMATOGRÁFICO: LA PERSPECTIVA DE LOS PERSONAJES

El cine, que es el arte representativo del siglo XX y, por lo mismo, del modernismo, es el perfecto ejemplo de la síntesis semántica, de la recuperación de formas y perspectivas del pensamiento arcaico más remoto. Semióticamente debemos entender al cine como una obsesión por regresar a los orígenes, sus orígenes: el mito de la cueva, las sombras chinescas, la magia, el tótem, el desdoblamiento, el caracol y la fantasmagoría.

Teresa Olabuenaga

El cine como arte

Definir lo que es el arte y luego explicar cómo es que el cine puede encontrarse contenido dentro de esta categoría, supone un grave obstáculo para cualquiera que pretenda hacerlo, ya que no existe un principio indivisible que determine lo que es o no el arte e intentar llegar a él representaría un impedimento aún mayor que el anterior. En el caso del cine y la fotografía, que dependen de un aparato mecánico o digital para su realización, existe una polarización notable respecto a ser denominados arte.

Como dice Gillo Dorfles: "el cinematógrafo puede ser considerado, quizá, como la piedra de toque del arte moderno [...] y al mismo tiempo, ser vilipendiado por algunos como el peor elemento de corrupción de todas las formas artísticas".[31] Y debido a que no existe una forma definitiva de catalogar el arte, ambas opiniones pueden ser ciertas como falsas. Para el cine, a diferencia del resto de las artes, el avance de la tecnología y la aparición de ciertos aparatos tuvo un valor decisivo, de no ser por ellos, ni siquiera podría existir, no así con la música, las letras o la escultura; de ahí que para muchos el cine no es arte sino espectáculo.

De acuerdo a Dorfles, esta controversia surge debido a que la aparición del cinematógrafo transformó en inútiles y risibles a todos los otros intentos de reproducción de la realidad, sin embargo, hay quien argumenta que, al necesitar de la asistencia de aparatos mecánicos o digitales para su realización no es el artista quien toma la fotografía o graba el filme, sino que es la máquina quien determina la naturaleza de estas y por ello ni la fotografía ni el cine son formas de arte sino mero entretenimiento. En contraste a

---

[31] Dorfles, *Op. Cit.*, pág. 219.

ello, se puede decir que el cine es capaz de englobar a todas las Bellas Artes dentro de sí como ninguna de estas puede hacerlo.

Que el cine deba ser llamado o no un arte pues, dependerá, como sucede hasta cierto grado con el resto de las artes modernas, de la apreciación de quien les juzgue en un determinado momento. A este respecto, Ricciotto Canudo declaró apenas en el año de 1923:

> Aunque los numerosos y repugnantes tenderos del cine se apropiaron del rótulo "Séptimo Arte" […] no aceptaron la responsabilidad impuesta por la palabra: Arte. […] Su "arte", excepto en algún caso donde el guionista sabe cómo querer e imponer su voluntad, sigue siendo casi el mismo que animaba a Xavier de Montépin y otros Decourcelles. Pero este arte de síntesis total que es el Cine, este fabuloso recién nacido de la Máquina y el Sentimiento, comienza a cesar sus gemidos, y va entrando en su infancia. Pronto llegará su adolescencia, arrebatará su inteligencia y multiplicará sus sueños; pedimos apresurar su desarrollo, precipitar el advenimiento de su juventud. Necesitamos el Cine para crear el arte total hacía el que, desde siempre, han tendido las demás artes.[32]

---

[32] Canudo, Ricciotto, *Manifiesto de las siete artes,* Gazzette des sept arts, Francia, 1923, pág. 2.

Y esa adolescencia, juventud y madurez llegaron al séptimo arte en los períodos históricos que se mencionaron en el primer capítulo.

Así pues, podemos conciliar ambas perspectivas y decir que el cine, o bien el discurso cinematográfico, es efectivamente una forma de arte, la cual depende en la misma forma que lo hacen todas las demás, de la apreciación de sus espectadores para poder llamar arte o no a composiciones cinematográficas específicas, lo cual no limita en lo más mínimo el alcance no sólo de su capacidad de distribución sino de sus cualidades artísticas en modo alguno.

El cine como lenguaje

Dedicar un apartado para justificar que el discurso cinematográfico es un lenguaje cuando ya se dijo que es un arte, parece absurdo, el cine comunica, por tanto, es un lenguaje. Cumple con las funciones de Bühler, las de Jakobson y las de Halliday, incluso se puede decir sobre el cine, como lo dijo Wittgenstein sobre el lenguaje, que es un mapa de la realidad. Y es eso precisamente lo que hace parecer innecesaria esta sección, sin embargo, se debe establecer el tipo y los niveles de la comunicación del discurso cinematográfico.

En el cine se puede encontrar más de un sistema de comunicación, siendo la imagen el que predomina, además de este, encontramos sistemas auditivos, musicales y con menor frecuencia olfativos y táctiles. Por fines prácticos y debido a que poco aportarían al presente estudio, los últimos dos han de ser dejados fuera con la finalidad de prestar mayor atención al apartado audiovisual. El cine, como todo lenguaje, está compuesto de un conjunto de elementos auditivos y visuales que deben estar estructurados de acuerdo con unas normas establecidas para poder cumplir con el fin de comunicar. Los elementos auditivos son: la banda sonora, los sonidos de ambientación, la voz de los actantes y aquellos sonidos producidos mediante efectos especiales. Los elementos visuales son: la fotografía, la escenografía, el espacio, el ritmo, el movimiento, la iluminación, los efectos visuales, el tono y el color.

Para lograr la comunicación, los componentes anteriores deben unirse en diferentes niveles según les corresponda, de acuerdo con Teresa Olabuenaga, estos niveles son tres y equivalen a los de la estructura de la lengua. El primero de ellos, nivel fonológico, es el que se percibe a través de los sentidos, el segundo está formado por "segmentos de realidad organizados desde el punto de vista formal que propone el montaje, fomentan la relación sintagmática, entendida como una unidad de significado. Este es el primer nivel de significación en el terreno del discurrir cinematográfico".[33] El tercer nivel corresponde a la relación sintáctica y esta es apreciable en el montaje, pues a pesar de que existe libertad absoluta respecto a este, debe haber cierta relación entre escenas para lograr un discurso inteligible.

En adición a los elementos audiovisuales, se deben tomar en cuenta aquellos que forman parte de la estructura interna del relato y son una combinación de ambos tipos, por ejemplo, los personajes y sus acciones, sus intenciones, la trama, etc. La estructura en la que deben encontrarse todos los elementos anteriores para lograr un discurso que se pueda comprender es, según Seymour Chatman, la siguiente:

---

[33] Olabuenaga, Teresa, *El discurso cinematográfico: un acercamiento semiótico,* Editorial Trillas, México, 1991, pág. 28.

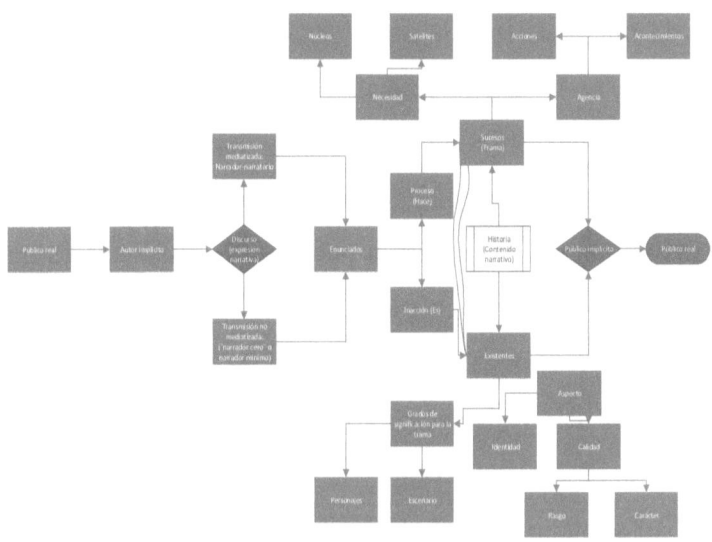

Una vez que se logra comprender la estructura narrativa aquí propuesta es más sencillo analizar los diferentes niveles del discurso cinematográfico y realizar estudios analíticos más profundos y precisos, sin importar desde cual óptica se pretenda analizar.

La semiótica y el cine

Para comenzar a delimitar los alcances de la semiótica, su relación con la comunicación visual y el modo en que el séptimo arte puede ser analizado desde esta perspectiva, debemos comenzar definiendo lo que es la semiótica. Años antes de que surgiera, Saussure previó que la semiótica o semiología sería una ciencia que estudiase la vida de los signos en el marco de la vida social cuya principal función sería la de explicar en qué consisten los signos y las leyes que los regulan.[34] Entendamos pues que la semiótica es un estudio de los signos presentes en el fenómeno de la comunicación, sea que ésta se haya dado intencionalmente o no, a través de un lenguaje formal, un sistema musical, olfativo, táctil o cualquier otro.

El signo, que es el objeto de estudio de la semiótica, está compuesto según Ferdinand de Saussure por dos elementos, estos son significado y significante. El significado corresponde a la idea, concepto o serie de ellos que se relacionan con un signo en concreto, el significante es la parte material o casi material del signo que puede ser percibida por los sentidos. Los signos pueden clasificarse de acuerdo con la forma en que serán percibidos por el receptor, según su intencionalidad y su fuente de emisión. Dentro de esta última categoría, Eco señala que existen dos tipos de signos, los naturales y artificiales, los artificiales son aquellos producidos con una intención comunicativa

---

[34] *Cfr.* Eco, Umberto, *Tratado de semiótica general,* Lumen, España, 2000, pág. 31.

establecida, mientras que en los naturales encontramos "(a) fenómenos físicos que proceden de una fuente natural y (b) comportamientos humanos emitidos inconscientemente por los emisores."[35]

El símbolo es, puesto en palabras llanas, un tipo de signo que tiene un valor establecido de forma tácita. El símbolo puede ser una palabra, concepto o idea que evoca una realidad por proximidad metonímica o semántica. Según dice Gadamer: "El lenguaje, *médium* de nuestra comprensión, tiene un fundamento metafórico".[36] Con lo anterior, podemos inferir que, en esencia, todo cuanto puede ser articulado por el lenguaje es potencialmente un símbolo. Claro que un mismo símbolo puede cambiar de peso y significado en diferentes puntos espaciales y temporales.

Los símbolos, tal como lo señala Northrop Frye en *Anatomía de la crítica,* pueden agruparse dentro de la narrativa en diferentes categorías[37], la primera de ellas, la literal/descriptiva, se refiere a aquello con lo que nos encontramos por primera vez al confrontar un texto, Frye

---

[35] Eco, *Op. Cit.,* pág. 35.
[36] Garagalza, Luis, *Introducción a la hermenéutica contemporánea*, Anthropos, España, 2002, pág. 50
[37] Esta categorización podría aplicarse a cualquier objeto cuya comunicación se dé a través de la cooperación de un signo, un objeto y un interpretante.

menciona que existen dos direcciones en que la atención del lector se mueve mientras está leyendo, la primera de esas direcciones es externa o centrífuga y sucede fuera de la lectura, la otra es centrípeta o interna y consiste en intentar darle un significado a las palabras que se encuentran frente a sus ojos.

Hay que tener en cuenta que, en todas las estructuras verbales, la unidad de significado es interna, no obstante, debemos también recordar que cada una de las piezas que usa el autor para crear su obra es un símbolo, intencional o no, incluso las palabras en ella, por lo que además del significado superficial debe haber uno más profundo. La fase descriptiva se compone de dos direcciones, el ejemplo que usa el autor es el de la palabra "gato" que fuera del contexto literario debe evocar la imagen de un felino, pero dentro del contexto artístico puede significar muchas más cosas, no obstante, en la fase literal no es sino el valor de signo que tiene la palabra el que nos debe interesar.

La fase formal o llamada de imagen se refiere al conjunto de significados que se pueden encontrar en signos recurrentes o en forma de imágenes en la obra artística, para ejemplificar esto podemos pensar en elementos que sirven para establecer el tono de una obra, tal vez la constante aparición de los colores rojo y verde sobreponiéndose uno al otro en *Taxi driver* que ineludiblemente, llevará al espectador a pensar en la doble personalidad que se le atribuye al personaje principal. En esta fase, además de encontrarnos con lo que Aristóteles llamó imitación de la naturaleza, también nos encontramos con la imitación del propio arte.

El poema, filme o cualquier obra de arte, estará siempre en contacto con otras tantas de la misma forma en que su autor haya estado en contacto directo o indirecto con autores o formas de crear. Por esto, podemos pensar que el poeta o artista en general, es el padre del poema y la madre sería el contexto cultural en el que este se desenvuelve, aunque esto suele ser más difícil delimitar. Retomando el concepto de imitación del arte, hay que mencionar los arquetipos, que solo pueden darse en la medida en que un artista sea capaz de emular a otro, pues la repetición de estos patrones, antes de volverse convencionales, debió tener un origen. No es necesario que un arquetipo se repita decenas de ocasiones para obtener ese *status*, pensemos por ejemplo en Smurov, protagonista de *El ojo* de Vladimir Nabokov, que es una clara emulación del Kafkiano Joseph K., esto debido al prestigioso lugar que ocupaba el checo dentro de la literatura universal para el autor de *Lolita*.

Dicho lo anterior, hay que tener en cuenta que estudiar los arquetipos como símbolos, no significa necesariamente estudiar la historia o procedencia de estos, sino más bien el contexto en que se presentan, pues no podemos esperar que un arquetipo se mantenga siempre en el mismo mimético a pesar de no mostrar cambio en sus formas (bufón, caballero, héroe o villano).

Con lo anterior, pareciera afirmarse que los símbolos en la narrativa se encuentran únicamente en los personajes que la habitan, más no es así. Pueden localizarse también en el tiempo y el espacio que estos habitan e incluso, en la estructura misma de la narración ya que, como declara Seymour Chatman: "La historia es el contenido de la expresión narrativa, mientras que el discurso es la forma de esa expresión."[38] Y éstas, además de comunicar solamente el contenido de las palabras que las forman, contienen la sustancia de un código semiótico independiente que une las partes del discurso.

---

[38] Chatman, Seymour, *Historia y discurso*, Taurus, España, 1990, pág. 24.

Para dejar más claro lo anterior, se vuelve necesario reproducir el diagrama[39]
utilizado por Chatman para explicar cómo es que ciertos sistemas de comunicación encierran más niveles que el de expresión y contenido.

	Expresión	Contenido
Sustancia	Medios de comunicación en la medida en que pueden comunicar historias (algunos medios son sistemas semióticos por derecho propio).	Representaciones de objetos y acciones en mundos reales e imaginarios que pueden ser imitados en un medio narrativo, tamizados por los códigos de la sociedad del autor.
Forma	Discurso narrativo (la estructura de la transmisión narrativa) que consiste en elementos compartidos por narraciones en cualquier medio que sea.	Componentes de la historia narrativa: sucesos existentes y sus conexiones.

De acuerdo con el autor de *Historia y discurso*, los significados de la narrativa son tres: suceso, personaje y detalle escénico. En el primero podemos encontrar cualquier acción realizada por un personaje, sea física o mental, en el segundo están las entidades personificables y en el último

---

[39] Ibídem, pág. 25.

cualquier lugar posible. "Creo que está justificado el afirmar que la estructura narrativa comunica significados de los tres tipos enumerados más arriba, precisamente porque puede dotar a un texto original, que de otra manera no tendría sentido, de sucesos, personajes y escenario en una relación normal de representación exacta de dichos componentes."[40] Y para poder explicar cómo encajaría esta estructura con sus significados dentro del diagrama anterior, se debe trazar uno nuevo. [41]

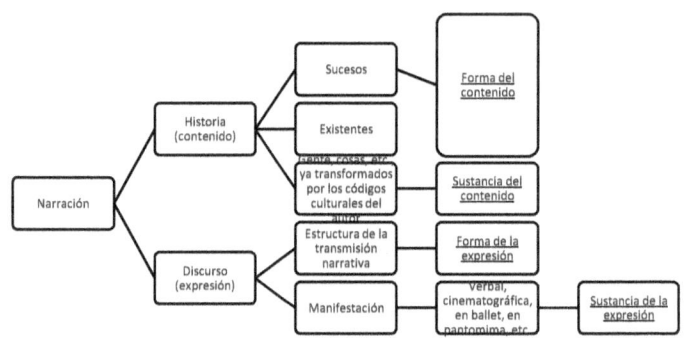

Si se consiguen unir las semejanzas y conciliar las diferencias entre los dos diagramas propuestos por Chatman respecto a la estructura narrativa, se tendrán entonces las

---

[40] Ibídem, pág. 26.
[41] Ibídem, pág. 27.

bases para llevar a cabo un estudio narratológico de cualquier discurso dado.

La narratología

A pesar de que la narratología es una disciplina semiótica y podría hasta cierto punto ser enclaustrada dentro de la misma, es necesario redactar un apartado que trate esta disciplina por separado. Hemos de definir la narratología como "el conjunto de estudios y propuestas teóricas que sobre el relato se han venido realizando desde los formalistas rusos, y en especial, desde el trabajo seminal de Propp sobre los populares cuentos rusos."[42] La narratología, de la misma manera que Propp lo hizo con sus funciones, busca analizar la estructura interna de los relatos. Esta abarca "las estructuras temporales, la perspectiva que orienta al relato, así como la indagación sobre sus modos de significación y de articulación discursiva"[43]

La narratología, dice Luz Aurora Pimentel, debe distinguirse de los estudios genéricos del relato, esto debido a que un estudio genérico se centra más en la identificación

---

[42] Pimentel, Luz Aurora, *El relato en perspectiva,* Siglo XXI editores, México, 1998, pág. 8.
[43] Ibídem, pág. 8.

de temas concretos, así como motivos recurrentes en la literatura. La narratología por su parte permite penetrar a mayor profundidad dentro del relato, ya que se analizan todos los aspectos de la realidad narrativa sin importar la forma genérica que pudieran tener. Dicho esto, podemos afirmar que la narratología (o bien, teoría narrativa) es un análisis de tipo modal y no genérico que puede ser aplicable a todo tipo de relato sin importar si este es una novela, un cuento popular, una epopeya, un baile, un poema narrativo, etc.

El amplio abanico de alcance del análisis narratológico se debe a que este puede aplicarse a toda "construcción progresiva, por la mediación de un narrador, de un mundo de acción e interacción humanas, cuyo referente puede ser real o ficcional."[44] Es decir, la narratología puede utilizarse de la misma forma para analizar una novela sthendaliana, una anécdota, la épica homérica, un filme contemporáneo o un drama shakespeariano, pues el relato, en palabras de Jonathan Culler, es en su núcleo un contrato de inteligibilidad. Esta inteligibilidad se logra a través de la unión de una serie de objetos que construyen el

---

[44] Ibídem, pág. 10.

contenido narrativo y es proyectado en su totalidad en la forma de un universo diegético, entendido como "un mundo poblado de seres y objetos inscritos en un espacio y un tiempo cuantificables, reconocibles como tales, un mundo animado por acontecimientos interrelacionados que lo orientan y le dan su identidad al proponerlo como una 'historia'."[45] Tal historia, está formada por una secuencia de eventos inscritos dentro de un universo espaciotemporal específico que puede ser o no diferente a aquel en que se encuentra el lector. El universo en que se encuentren los personajes del relato dependerá únicamente de sus reglas internas y estas pueden variar de las que existen fuera de tal universo, lo que dará cabida a eventos que sólo pueden ser posibles dentro de universos concretos.

Entonces, retomando los elementos mencionados (tiempo, espacio, objetos, personajes y reglas) es posible dividir el relato a través de aquello que lo compone para alcanzar un análisis que penetre más allá de las formas genéricas de éste, así como un entendimiento mayor ya sea de la historia (el mundo), del discurso (la narración), o cualquiera de sus componentes, por ejemplo, los personajes,

---

[45] Ibídem, pág. 11.

el narrador o algún elemento característico de tal ficción. Antes de continuar definiendo o explicando cada una de estas partes, hay que mencionar también que no todas ellas son inherentes al relato, Scholes y Kellog puntualizan que únicamente hay dos rasgos definitivos para la existencia del arte narrativo, estos son la historia y el narrador.

Existen teóricos que no están de acuerdo con lo dicho por Scholes y Kellog, Seymour Chatman, por ejemplo, dice que el narrador es opcional dentro de la narrativa y para justificar esto, utiliza ejemplos que extienden a lo transemiótico el concepto de texto narrativo tales como: "una postura en el ballet, una serie de tomas cinematográficas, un párrafo entero en una novela, o una sola palabra"[46]. Pues cada uno de ellos goza de la capacidad de narrar. En el caso de este estudio, hemos de considerar que el acto de narrar se da cuando existe una relación comunicativa entre el lector y el universo diegético construido. Optamos por excluir al narrador como una característica inmanente de la narración debido a que la mayoría de las manifestaciones cinematográficas poseen una estructura narrativa y carecen de un narrador.

---

[46] Ibídem, pág. 13.

La narración que se da tan solo por la comunicación entre el lector y el universo diegético no se produce únicamente en el séptimo arte, sino en todas las formas figurativas, como el ballet, la pintura, la escultura y por supuesto el teatro. En la pintura y escultura se da en especial en las series que pretenden contar episodios míticos o religiosos, ejemplo de ello son los objetos (pictóricos o escultóricos) que se suelen colocar dentro de las iglesias mostrando momentos de diferentes episodios evangélicos pertenecientes a la pasión de Jesús, la historia de Salomé y la decapitación de San Juan, entre otras.

Declarado lo anterior, queda definir cómo es y cómo se da la relación entre universo diegético y lector. Se debe tener en cuenta que el universo diegético es un mundo compuesto a través de la narración cuya característica principal es la acción humana, incluso cuando ésta no se da por humanos, tal acción debe encontrarse situada en un espacio y un tiempo específico, así como contener una dimensión de significación que le es inherente.

> Por ello, hemos de considerar ese mundo de acción no solo como un 'hacer' exterior y/o aislado, o como una ocurrencia singular, sino como parte de un entramado significante de acción que incluye procesos interiores

(sentimientos, pensamientos, estados de ánimo, proyecciones, motivaciones, etc.); incluyendo, por ende, las fases intelectuales de la acción, tales como la planeación, la previsión, el propósito, etc.- fases anteriores, pero indisolublemente ligadas a la acción efectiva. Por lo tanto, un mundo de acción humana necesariamente incluye su 'pasión'.[47]

Para que pueda darse la acción humana debe existir como ya se dijo una dimensión de significado, pero también una de espacio y una de tiempo igualmente importantes, pues la acción humana no puede concebirse sin el tiempo. "Por otra parte, el tiempo humano no se concibe divorciado del espacio tan sólo por el hecho de que, si los objetos pueden existir sin movimiento, el movimiento mismo, como noción elemental de la acción no se concibe sin objetos."[48] Aunque pareciera debido a las definiciones anteriores, que el relato y la narración son sinónimos, debe aclararse que existe una diferencia entre ellos. La diferencia principal radica en que un relato no "es" una historia, ni la representa, el relato solo cuenta una historia y transmite sus significaciones a través

---

[47] Ibídem, pág. 17.
[48] Ídem.

del lenguaje sin la necesidad de proyectar un universo diegético.

Dicho lo anterior, podemos dividir en dos partes el acto de narrar, estos son historia y discurso. La historia es una serie de acontecimientos interrelacionados de forma lógica y no necesariamente cronológica que encierra una trama, un tema, una finalidad, etc. Por su parte, el discurso remite, pero no se limita, a la materialidad del lenguaje y sus formas de organización, es por ello que el discurso se extiende a toda forma de transmisión narrativa, por ejemplo, como ya se decía más arriba, el ballet, el cine o la pintura, siempre y cuando éstas sean "formas de articulación de significados que dependen de encadenamientos materiales que van constituyéndose como segmentos de significación dentro de un sistema semiótico dado".[49]

De todos los elementos que componen la narración, en el presente estudio hemos de centrarnos en el universo diegético o bien, el mundo narrado y de tal, haremos énfasis en la identidad y perspectiva de sus actantes, así como la perspectiva del lector[50] y la relación que existe entre estos.

---

[49] Ibídem, pág. 20.
[50] De este punto en delante, los términos "lector" y "espectador" serán utilizados de forma indiferente cuando se haga referencia al discurso cinematográfico.

Para referir las particularidades de la dimensión actoral del relato, se utilizará como fuente principal el estudio de teoría narrativa de Luz Aurora Pimentel, *El relato en perspectiva,* en cuanto a la perspectiva del lector y su relación con el texto, *Historia y discurso* de Seymour Chatman será el objeto de referencia primordial.

La dimensión actorial del relato

Lo primero que se debe tener en cuenta cuando se habla de los actantes de determinada narración, es que estos no son personas sino personajes y aunque la diferencia sea muy clara y esta es que las personas son humanos y los personajes son humanizables, es decir, estos son (de acuerdo a Greimas) "[una] unidad léxica, de tipo nominal que, inscrita en el discurso es susceptible de recibir, en el momento de su manifestación, investimientos de sintaxis narrativa de superficie y de semántica discursiva"[51]. Por lo anterior, podemos declarar que los personajes vistos desde fuera del relato no son humanos, pero sí lo son dentro de éste, puesto que conforman una unidad de sentido que complementa aquella del universo diegético que habitan. Por lo mismo, un

---

[51] Ibídem, pág. 60.

personaje analizado desde la narratología no tendrá diferencia alguna con un humano salvo el plano en que existe y actúa.

Como ya se dijo, un personaje es una unidad de significado y no posee una vida propia, sino que está sujeto a un conjunto de rasgos narrativos que se le atribuyen para hacerlo más o menos complejo. Los atributos que definen a un personaje pueden ser opuestos uno del otro y no son definitivos, es decir, un personaje puede cambiar su papel dentro de la acción en que se desenvuelve, así como puede cambiar su manera de pensar o de actuar. A un personaje que cambia su modo de pensar y actuar se le conoce como redondo, en oposición a éste se encuentra aquel cuyo modo de discurrir en la narración es lineal, este es el personaje plano.

De todos los elementos que se usan para caracterizar a un personaje, quizá el de mayor importancia es el nombre que se le da. "El nombre —dice Pimentel— es el centro de imantación semántica de todos sus atributos, el referente de todos sus actos, y el principio de identidad que permite reconocerlo a través de todas sus transformaciones".[52] A

---

[52] Ibídem, pág. 63.

pesar de lo anterior, el nombre de un personaje puede cambiar sea por disposición propia o ajena, como sucede en *El ingenioso hidalgo don Quijote de la Mancha* o *Lolita*, por mencionar algunos.

El nombre que se le asigna a un personaje debe servir para su caracterización sintetizando dentro de sí todo lo que el personaje es. A través de la lectura, se debe formar una imagen más o menos rica de los personajes, sus características físicas, psicológicas e incluso morales. En el caso del cine, la caracterización física no depende necesariamente del nombre, sino de elementos externos que también componen la obra, siendo el primero de ellos (y a pesar de que parezca demasiado obvio debe mencionarse) el aspecto del actor que interpreta el rol. Por tanto, un cambio en el actuar del personaje o bien en su nombre, no significará necesariamente un cambio en la apariencia.

Por mantener los ejemplos anteriores, hay que recordar que Alonso Quijada cambió su nombre por el de don Quijote de la Mancha, ya que a su parecer era mucho más heroico que "Quijada" o "Quesada". En tanto a "de la Mancha" fue que "acordándose que el valeroso Amadís no sólo se había contentado con llamarse 'Amadís' a secas, sino que añadió el nombre de su reina y patria por hacerla famosa, y se llamó 'Amadís de Gaula', así quiso, como buen caballero, añadir al suyo el nombre de la suya y llamarse 'don Quijote de la Mancha', con que a su parecer declaraba muy al vivo su linaje y patria, y la honraba con tomar el sobrenombre della."[53] El caso del nombre "Lolita" es más complejo pues quien lo elige es el autor a través de un heterónimo que supuestamente prologa y edita un libro que existe únicamente dentro del universo habitado por los personajes cuyo escritor es precisamente el protagonista de la novela de Nabokov (Humbert Humbert). La razón primordial de la existencia de este prólogo[54] es la de engañar al lector sobre qué es real y que no lo es dentro de la novela que está a punto de leer.

Respecto a las cualidades que tienen o pueden tener los personajes, en dicho prólogo se lee:

> El curioso apellido de su autor es invención suya [de Humbert Humbert] y, desde luego, esa máscara –a través de la cual parecen brillar dos ojos hipnóticos– no se ha

---

[53] Cervantes Saavedra, Miguel de, *El ingenioso hidalgo don Quijote de la Mancha,* México, Alfaguara, pág. 25.
[54] En este se lee: Lolita o las Confesiones de un viudo de raza blanca: tales eran los dos títulos con los cuales el autor de esta nota recibió las extrañas páginas que prologa. «Humbert Humbert», su autor, había muerto de trombosis coronaria, en la prisión, el 16 de noviembre de 1952, pocos días antes de que se fijara el comienzo de su proceso.

levantado, de acuerdo con los deseos de su portador. Mientras que «Haze» sólo rima con el verdadero apellido de la heroína, su nombre está demasiado implicado en la trama íntima del libro para que nos hayamos permitido alterarlo; por lo demás, como advertirá el propio lector, no había necesidad de hacerlo.[55]

A partir de esta presentación, el lector no recibe descripción alguna del que parece será el protagonista, sin embargo, no es incidental el uso de este tipo de recurso, pues tematiza al personaje y lo hace portador de "ciertas perversiones y estados morbosos".

El nombre Humbert Humbert sugiere la existencia de una dualidad, de dos elementos idénticos que funcionan de diferentes formas y se encuentran en perfecto equilibrio. "El nombre del personaje evoca la palabra del español hombre y la del francés ombre, "sombra". Sugiere también que se origina en las palabras inglesas humbug ("farsa") y pervert ("pervertido"), insinuando de este modo los dos motivos centrales de la novela."[56] Cada uno de

---

[55] Nabokov, Vladimir, *Lolita,* España, Ediciones Grijalbo, 1975, pág. 11.
[56] Manini, Luca, *Meaningful literary names. Their forms and functions, and their translation.* Disponible en :

los "Humbert" en su nombre, podría decirse, está compuesto por dos partes, el primero por las palabras sombra y hombre, el segundo por farsa y pervertido. De cada uno de ellos surge una de las partes que conforman la identidad del personaje y que se encuentran chocando en la narración.

Una de las principales razones por que se optó por analizar el discurso cinematográfico a partir de herramientas pensadas únicamente para su uso en textos escritos es que ahí donde lo escrito no siempre puede cumplir a cabalidad los requisitos para ser analizado, el cine los excede. El caso de Humbert y Lolita no son únicos, ya que no todos los personajes tienen el mismo número de grados de referencialidad "como lo afirma Greimas, el solo nombre en el proceso de 'actorilización' del discurso 'permite un anclaje histórico que tiene por objeto constituir el simulacro de un referente externo y de producir el efecto de sentido de ´realidad´"".[57] Unos carecerán de un 'retrato físico' o este será inexacto como es el caso Gregorio Samsa y Joseph K., (cuyas descripciones físicas van cambiando a través de la obra) o bien, el nombre puede no ser suficiente para que el

---

http://www.tandfonline.com/doi/abs/10.1080/13556509.1996.1079897
2
[57] Pimentel, *Op. Cit.,* pág. 64.

lector atribuya características individualizantes a cada personaje cuando, como sucede en *100 años de soledad,* 22 personajes comparten el nombre "Aureliano", lo cual no representaría un problema de contar con la imagen en movimiento.

Por otro lado, el aspecto físico del personaje no lo es todo, ni las ventajas de la imagen se detienen ahí, aunque claro, también hay inconvenientes, de los cuáles se hablará más adelante. "El personaje entonces se constituye como una de tantas *figuras* narrativas; de ahí que Stanzel llame *situación narrativa figural* a la perspectiva del personaje".[58] Se entiende entonces que el nombre Humbert Humbert a pesar de ser una invención del personaje protagónico/narrador, como ya se mencionó, no debe considerarse un seudónimo[59], puesto que el personaje no es una entidad orgánica sino una unidad de sentido cuyas características humanas fueron dadas por alguien externo al mundo que este habita.

Pero qué sucede cuando el nombre dado a un personaje no es referencial, "su nombre constituye una

---

[58] Ibídem, pág. 61.
[59] Tampoco el nombre Don Quijote ni cualquier otro que en apariencia haya sido elegido por un personaje.

especie de blanco semántico que el relato se encargará de ir llenando progresivamente."[60] Puede que incluso, a partir del relato, ese nombre deje de estar vacío, como sucede con la heroína de la obra cumbre de Nabokov, pues Lolita es ahora un nombre cuyo núcleo semántico ha sido fijado por la convención social, como Fausto o Romeo no así cuando el ruso lo escribió.

El nombre Lolita, por supuesto, es apócope de Dolores y evidentemente contiene la raíz 'dolor', no obstante, ese nombre se utiliza muy pocas veces para designar al personaje de Nabokov. Lolita, por otra parte, hace referencia casi siempre a una niña o adolescente que resulta sexualmente atractiva. Es lógico pensar, Nabokov no tenía en mente tal significación al escribir su novela, pero hay otro término, que, a falta de la actual significación de Lolita, Nabokov debió acuñar, este es: "nínfula", que más tarde se convirtió en sinónimo de Lolita y lo explica de esta forma:

> Hay muchachas, entre los nueve y catorce años de edad, que revelan su verdadera naturaleza, que no es la humana, sino la de ninfas (es decir, demoníaca), a ciertos fascinados

---

[60] Ibídem, pág. 65.

peregrinos, los cuales, muy a menudo, son mucho mayores que ellas (hasta el punto de doblar, triplicar, o incluso cuadriplicar su edad). Propongo designar a esas criaturas escogidas con el nombre de nínfulas.[61]

Dice Roland Barthes que un nombre propio se despliega de la misma forma que un recuerdo, por esto "con los nombres referenciales la "historia" ya está contada y gran parte de la actividad de la lectura consistirá en seguir las transformaciones, adecuaciones o rupturas que el nuevo relato opera en el despliegue conocido."[62] Con todo lo anterior, se puede afirmar que el nombre, referencial o no, histórico o ficcional, establecido o desconocido, permite idealmente agrupar todas las características físicas, morales y psicológicas que de los personajes son entregadas al lector en el texto, no obstante, como afirma Greimas y se ejemplificó antes, "el nombre por sí solo 'no es suficiente para individualizarlo [al personaje], es necesario definirlo empíricamente por el conjunto de rasgos pertinentes que distinguen su hacer y/o su ser de los otros actores."[63]

---

[61] Nabokov, *Op. Cit.*, pág. 24.
[62] Pimentel, *Op. Cit.*, pág. 65.
[63] Ibídem, pág. 67.

De acuerdo con el estudio de Luz Aurora Pimentel, para comprender cuán complejo es un personaje "es necesario distinguir entre el *ser* y el *hacer* del personaje, entre *calificación* y *función* y entre *enunciados narrativos* y *enunciados descriptivos*."[64] También es necesario determinar qué tan importante es el papel del personaje dentro de los enunciados narrativos y los descriptivos. Para lograr una diferenciación efectiva del ser y el hacer del personaje se debe tener en cuenta el origen de aquello que se sabe del personaje, es decir, si viene del discurso del narrador, de otros personajes o de sí mismo. Esto, debido a que "no es lo mismo transmitir información sobre la apariencia física, la gestualidad o los actos no verbales de un personaje que transmitir información de su ser y hacer discursivos.

Rasgos propios de los personajes

Cuando se trata de la narrativa en un texto escrito, nos encontramos con que la información que tenemos sobre los personajes es siempre dada por el narrador, otros personajes o ellos mismos, lo que significa que existe siempre un

---
[64] Ibídem, pág. 69.

mediador entre la información que recibe el lector y la que idealmente existe dentro del universo diegético habitado por tales personajes. Por lo general, la pieza de información que representa el mayor nivel de dificultad debido a su alto nivel de subjetividad es el aspecto físico de los personajes, ya que "la forma de presentación más usual es la directa, en una descripción más o menos continua, más o menos discontinua, y que tiende al alto grado de codificación retórica."[65]

Se debe tomar en cuenta de quién proviene la información, ya que de este modo se puede tener una idea más o menos acertada de la objetividad contenida en tal información. En el texto escrito, la descripción física de los personajes se debe dar de acuerdo con un modelo lógico-lingüístico cuya exhaustividad estará sujeta al grado de importancia que dentro de la narración se le confiera al rasgo específico que en dicho momento describa.

El principal problema que presenta la utilización de estas herramientas en el análisis del discurso cinematográfico es que no existe un modelo específico al cuál aplicarse, ya que rara vez existen las descripciones

---

[65] Ibídem, pág. 71.

directas y el aspecto físico es normalmente dado al espectador por medio de la imagen y es por tanto este último quien debe decidir qué tanto importa cada rasgo dentro del personaje, lo cual, a su vez, lo provee de mayor libertad en el análisis. Es así que a través de la imagen se evitan las caracterizaciones incompletas o imparciales, a menos que el criterio del espectador produzca una caracterización de tal naturaleza, por ello, en ocasiones es trabajo del director o escritor del filme el hacer hincapié en cómo son o deben ser percibidos ciertos rasgos.

Si tomamos como ejemplo la forma en que se introduce a los personajes clave del objeto de estudio presente, es posible apreciar dos elementos de gran importancia, el primero corresponde a lo que inicialmente percibe Travis en cada uno de ellos y después a lo que efectivamente los caracteriza, en el caso de Mathew (Sport), vemos su imponente físico desprovisto de rostro desde los ojos del taxista, después de ello, debido al modo en que trata a Iris y el hecho de que Travis no acepte su dinero, se puede observar el verdadero núcleo de imantación semántica del personaje, los negocios ilícitos. Cuando se introduce a Betsy, la imparcialidad de la perspectiva de Travis es más evidente, pues son sus propias palabras en voice-over las que resaltan sus supuestos rasgos principales y el fin del voice-over marca el principio de caracterización actorial objetivo.

En cambio, si no existe una descripción física del personaje, ni existe diálogo o acción alrededor de su introducción, como es el caso de Travis, resulta más complicado comprenderlo y por tanto definirlo para así asignarle un núcleo semántico y de acción. Para ilustrar al mismo tiempo la dificultad y el grado de libertad añadido que la imagen confiere al lector al momento de analizar al personaje, hemos de comparar una parte del guion de *Taxi driver* (1976) con la escena que describe. En el guion se lee:

> Age 26, lean, hard, the consummate loner. On the surface he appears good-looking, even handsome; he has a quiet steady look and a disarming smile which flashes from nowhere, lighting up his whole face. But behind that smile, around his dark eyes, in his gaunt cheeks, one can see the ominous stains caused by a life of private fear, emptiness and loneliness. He seems to have wandered in from a land where it is always cold, a country where the inhabitants seldom speak. The head moves, the expression changes, but the eyes remain ever-fixed, unblinking, piercing empty space. [66]

---

[66] 26 años, delgado, duro, el solitario consumado. En la superficie es bien parecido, incluso guapo; él tiene una mirada tranquila y estable y

Y corresponde a la siguiente toma, un plano detalle de 12 segundos de la mirada de Travis. [67]

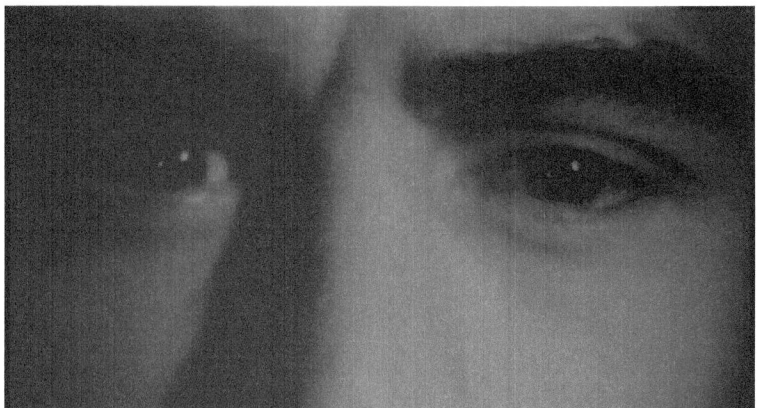

Quizá, a partir de una toma como esta, sea complicado identificar cada aspecto del elaborado código lógico-lingüístico utilizado por Schrader, sin embargo, se pueden extraer detalles no incluidos en la descripción verbal, por ejemplo, el tipo de luz que colorea el rostro de Travis y

---

una sonrisa desarmadora que destella de la nada iluminando todo su rostro. Pero detrás de esa sonrisa, alrededor de sus ojos oscuros, en sus mejillas demacradas, uno puede ver las ominosas manchas causadas por una vida de miedo privado, vacío y soledad. Parece haber llegado de una tierra donde siempre hace frío, un país donde los habitantes rara vez hablan. La cabeza se mueve, la expresión cambia, pero los ojos permanecen fijos, sin parpadear, perforando el espacio vacío. (Traducción propia) Schrader, Paul, *Taxi driver,* 1976, pág. 1.
[67] Scorsese, *Taxi driver*, 00:01:13.

el modo en que esto se relaciona con su principio de acción, aunque más delante se hablará de eso.

Además de las características físicas del personaje, se debe proporcionar al lector un retrato psicológico, y moral, lo que se logra a través de la descripción de las acciones de los actantes y cómo encajan estas dentro de su entorno social. El entorno social sirve al retrato psicológico ya que "con frecuencia el espacio funge como una prolongación, casi como una explicación del personaje. De hecho, entre el actor y el espacio físico y social en el que se inscribe, se establece una relación dinámica de mutua implicación y explicación."[68]

Así, el entorno de un personaje puede servir para entenderlo, el hecho de que el actante se desenvuelva entre héroes o caballeros, en los grandes salones del Rey Arturo, por decir algo, significará para el espectador, que el personaje es también un héroe o caballero. En el caso del cine, específicamente el americano posterior a la década de 1930, donde los escenarios suelen ser más realistas y menos específicos, trazar esta relación lleva más tiempo y es a veces más tenue. Repitiendo el ejercicio que se realizó más arriba,

---

[68] Pimentel, *Op. Cit.,* pág. 79.

hay que comparar el guion con la imagen, para apreciar la dificultad y libertad de análisis que cada uno confiere respecto a la relación del personaje y su entorno.

En uno de los primeros párrafos del guion de Schrader, se puede leer respecto al tema que se trata: "Travis is now drifting in and out of the New York City night life, a dark shadow among darker shadows. Not noticed, no reason to be noticed, Travis is one with his surroundings."[69]

Las líneas anteriores corresponden a la siguiente secuencia, la cual, además de mostrar la relación entre el protagonista de la cinta y su entorno, tal como lo hace el guion, muestra dos aspectos que son primordiales para el tipo de análisis que se pretende llevar a cabo, estos son, que todo en el filme sucede desde la perspectiva de Travis y que ésta está distorsionada. El segundo es que sólo las personas y sus actos parecen ser claros desde el punto de vista del taxista, sin embargo, estarán cubiertos por la luz bajo la cual Travis decida verlos, la cual puede cambiar a lo largo de la historia.[70]

---

[69] "Travis ahora está entrando y saliendo de la vida nocturna de la ciudad de Nueva York, una oscura sombra entre sombras más oscuras. Sin ser notado. No hay razón para que lo noten, Travis es uno con sus alrededores." (Traducción propia) Schrader, *Op. Cit.,* pág. 1.

[70] Scorsese, *Taxi driver*, 00:01:15 – 00:01:59.

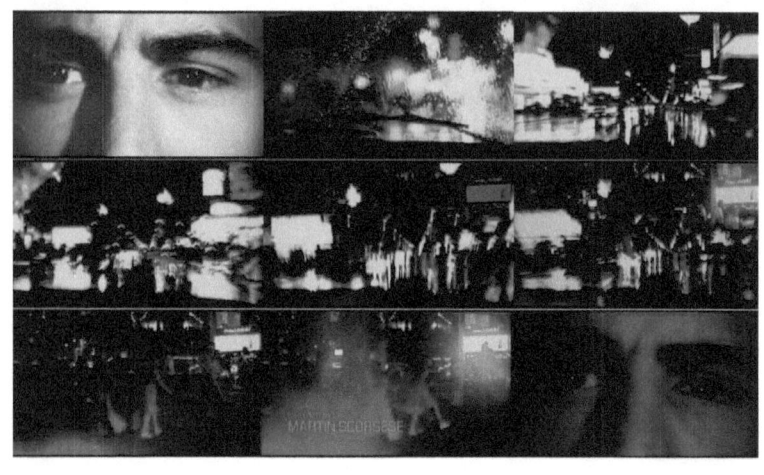

En adición a lo anterior, hay que tener en cuenta los cambios que se producen más allá de la mera imagen, en esta secuencia como la banda sonora que toma una importancia capital, ya que, junto a las luces y los movimientos de la cámara, determina el estado mental-emocional de Travis y es uno de los primeros indicadores que el espectador recibe sobre la dualidad psicológica de Travis, su relación con el mundo que habita y por supuesto con los otros personajes. Los pequeños esbozos de análisis fílmico aquí mostrados resultan intencionalmente superficiales para poder ser tratados con más detalle más delante, en el capítulo destinado a esa tarea.

CAPÍTULO III
EL MUNDO CREADO POR TRAVIS: ANÁLISIS SEMIÓTICO DEL MUNDO NARRADO EN *TAXI DRIVER*

La identidad y perspectiva de Travis

Como se dijo en el capítulo anterior, todo lo que sucede en *Taxi driver* es visto a través de la perspectiva de Travis, no obstante, eso no significa que la información que recibe el espectador esté sujeta a la apreciación de la realidad del protagonista. Dicho esto, hay que recalcar que a lo largo de todo el filme existen dos niveles de realidad que hacen patente la dualidad del taxista y se expresan a través de diferentes medios, quizá el más notorio de ellos es la correspondencia que existe entre los personajes de diferentes ámbitos con los que está en contacto Travis, siendo las relaciones más relevantes la de Iris y Betsy junto Palantine y Sport.

   Esta dualidad de Travis es planteada y expresada con claridad desde los primeros minutos de la película, a través de los cambios que se presentan en la banda sonora intercalando los dos principales temas titulados "They cannot touch her (Betsy's theme)" y "God's lonely man", técnica que se utiliza a lo largo del filme para denotar el estado mental y emocional del protagonista. Los dos temas que se mezclan en la introducción refieren tanto juntos como separados la ambivalencia de Travis, el primero de ellos (acompañado de las palabras que en su diario escribe Bickle) muestra cómo el taxista es incapaz de ver a las mujeres fuera del espectro de santas o prostitutas, condición que, de acuerdo con Freud, es causada por una división entre las corrientes de deseo afectivo y sexual[71]. El segundo, cuyo nombre refleja la creencia del protagonista de ser un mártir, muestra las diferencias entre cómo Travis se percibe a sí mismo y cómo lo hacen el resto de los personajes.

El título del segundo tema, además de lo anterior, refiere un elemento de importancia capital, pues comparte nombre con el ensayo de Thomas Wolfe "God's lonely man" que fue utilizado por Schrader como epígrafe del guion[72] y muy posiblemente haya servido como base para las entradas

---

[71] Sigmund, Freud, *Tres ensayos sobre teoría sexual,* Editorial Verbum, España, 2019, pág. 251.
[72] Se debe mencionar ahora que existen momentos en que el guion escrito por Schrader no coincide totalmente con los diálogos y eventos del filme, por ello se utilizará tanto el guion como el film para el análisis considerándolos como piezas separadas más complementarias de un mismo todo.

en el diario de Travis, así como en el desarrollo de su identidad, en este se lee:

> The whole conviction of my life now rests upon the belief that loneliness, far from being a rare and curious phenomenon, peculiar to myself and to a few other solitary men, is the central and inevitable fact of human existence. When we examine the moments, acts, and statements of all kinds of people -- not only the grief and ecstasy of the greatest poets, but also the huge unhappiness of the average soul...we find, I think, that they are all suffering from the same thing. The final cause of their complaint is loneliness.[73]

Claro que el epígrafe y su procedencia no aparecen en el filme en sí, por ello, el autor se aseguró de que Travis se llamase a sí mismo de esta manera, "el hombre solitario de Dios", sirviendo también para establecer que el taxista

---

[73] "Toda la convicción de mi vida ahora descansa sobre la creencia de que la soledad, lejos de ser un fenómeno raro y curioso, peculiar para mí y para algunos otros hombres solitarios, es el hecho central e inevitable de la existencia humana. Cuando examinamos los momentos, los actos y las declaraciones de todo tipo de personas, no solo el dolor y el éxtasis de los grandes poetas, sino también la gran infelicidad del alma promedio... encontramos, creo yo, que todos sufren por la misma razón. La causa final de su sufrimiento es la soledad." (Traducción propia) Wolfe, Thomas, "God's lonely man" en *The Thomas Wolfe Reader,* Charles Scribner's Sons, Estados Unidos, 1962, pág. 676.

conocía al menos un fragmento de esa obra en particular de Thomas Wolfe.

Cuándo entra el taxista en conocimiento de la obra de Wolfe es desconocido por el espectador, pues en el fragmento temporal de eventos mostrados durante el filme, Travis no entra en contacto con obra literaria alguna ni se sugiere momento de su vida en donde lo haya hecho salvo por esta referencia. Los eventos cubiertos en el film son narrados de forma lineal, con la excepción de dos momentos, el primero de ellos siendo la introducción de la cinta y el segundo el epílogo, específicamente la última escena en que vemos a Travis charlando con sus compañeros taxistas y Betsy sube a su taxi.

Así pues, con fines más que nada ilustrativos, valdría la pena marcar los límites de la línea temporal de la película, a pesar de que este ejercicio es más o menos realizado por el protagonista a través de las entradas de su diario. El primer evento ocurrido dentro de la línea temporal del film es el de Travis pidiendo el empleo de taxista, se da cuenta que su existencia carece de sentido, lo cual se sabe a través de lo que escribe. Ve a Betsy por primera vez y días después se acerca a ella, posteriormente, de manera casi inmediata, se encuentra con Charles Palantine, lo que le permite crear en su mente la relación entre el político y Betsy. Más delante Iris sube al taxi de Travis y es bajada por Mathew (Sport). A partir de este punto los acontecimientos que dan forma a la narración suceden en la mente del taxista, no obstante, se debe continuar con la explicitación de la línea temporal.

Los eventos que se convierten en un punto de inflexión para el desarrollo de la narración después de haberse presentado los personajes son la fallida cita entre Travis y Betsy, la breve aparición del director Martin Scorsese como el pasajero que planea asesinar a su esposa, Travis reencontrando por azar a Iris y buscando en ella el sentido de su vida que antes buscó en Betsy. Hay que remarcar que los espejos juegan una parte primordial dentro de la simbología del filme y por ello cada uno de los personajes posee un doble opuesto/complementario (a excepción de Travis, cuyo doble se encuentra contenido en la misma unidad actorial). Posterior a intentar darle ese sentido a su vida, Travis busca "liberar" tanto a Betsy como Iris del "infierno" en que viven, por ello toma la resolución de asesinar a las figuras de autoridad más cercanas a ellas.

Finalmente, la línea temporal culmina con la planeación de Travis de terminar con la vida de Palantine, Sport y la suya propia. Hasta el punto en que Travis se apunta a la cabeza con la mano y finge dispararse en tres ocasiones, es decir, después de cometer los asesinatos del círculo de Sport, tenemos una idea bastante clara del discurrir del tiempo a través de la cinta. Los últimos siete minutos sin embargo presentan un problema pues no es fácil precisar cuánto tiempo ha transcurrido desde la escena que se nos presenta y el momento de los asesinatos, quizá semanas, meses o incluso un par de años. Debido a ello, se puede considerar la posibilidad de que la escena de introducción sucede después de esto, sin embargo, no hay suficientes indicadores para poder sostenerlo más allá de la especulación.

Esta escena de apertura resulta de interés para el análisis ya que, como se anotó, el espectador desconoce el momento exacto en que sucede dentro de la línea del tiempo interior a la narración ya que Travis posee su taxi, pero no podemos ver ninguna de las transformaciones que sufre el personaje a lo largo del filme. Lo que deja abierta la puerta a la posibilidad de que efectivamente, la escena de introducción suceda después del epílogo y la narración no sea más que un recuerdo del Travis que vemos al inicio del filme. Esto explicaría ciertas situaciones que serán tratadas a detalle más adelante, como el hecho de que en cada escena y después de cometer una serie de asesinatos se le recuerde como un héroe y por supuesto ese último encuentro con Betsy.

El inicio de este análisis debe darse en el día en que Travis visita la compañía de taxis esperando obtener un empleo, que por cierto no necesita pues lleva tres años viviendo de los beneficios que se les otorgan a los veteranos dados de baja con honores del servicio militar. Aquí se entregan al espectador datos primordiales para formar la identidad actorial de Travis, siendo los primeros su nombre y el de la compañía de la cual formó parte en la Guerra de Vietnam.

Como dice Greimas, el nombre por sí solo no es suficiente para caracterizar al personaje, sin embargo, el nombre le puede dotar de ciertas características clave para su desarrollo. En el caso de Travis Bickle, el nombre propone una especie de contradicción, ya que, en palabras de Schrader, Travis parece ser un nombre común y contemporáneo, mientras que Bickle tiene ese toque arcaico, esa sensación de antigüedad. De igual manera, podemos mencionar que el nombre Travis encuentra su origen en el vocablo "traverse" que es el nombre que se le daba a las personas que desde la orilla de un puente cobraban la cuota necesaria para llegar al otro extremo, lo cual se asemeja en cierto grado al empleo del taxista.

Antes de continuar con la relación entre el nombre y el apellido del protagonista, hay que mencionar que, aunque parezca un dato irrelevante, Travis no es visto dentro del filme como algo más que un taxista y es por ello que Wizard, la única persona en quien más o menos confía, le recuerda, "un hombre toma un empleo y él se convierte en el empleo"[74], por ello se vuelve significante que Travis tenga como nombre propio el de un empleo. En cuanto a Bickle, es un apellido de origen inglés cuya principal particularidad, de acuerdo con *The internet surname database*[75], es que no ha cesado de cambiar a través de los siglos y se escribe diferente en más de una región en donde pudiera encontrarse.

Inmediatamente después de conocer su nombre y su rostro se presenta una breve colección de datos que han de servir para crear un primer retrato psicológico de Travis, tiene 26 años, fue dado de baja del ejército con honores, no tiene una educación formal, no está afiliado a una religión, no tiene empleo, no tiene amigos, no puede dormir y desea

---

[74] Scorsese, *Taxi driver*.
[75] Lastname: Bickle Disponible en: https://www.surnamedb.com/Surname/Bickle

deshacerse de todo el tiempo que tiene a solas con su pensamiento, aunada a esta información, está la que se obtiene a partir de las expresiones del actor cuando se le cuestiona sobre un aspecto en particular de su vida, como lo vergonzoso que le resulta no tener una formación académica, lo cual repercute en todas sus relaciones.

Se podría pensar que siendo Travis un simple taxista, su formación no tendría por qué repercutir en sus relaciones, tal como es el caso de Wizard, su compañero, que explícitamente dice a Travis que no puede esperar que un taxista se encuentre en el nivel de Bertrand Russell. Sin embargo, Travis no es Wizard y desde una perspectiva actorial, no tienen relación alguna con él. Para explicar de una manera sencilla el por qué se considera que la falta de educación de Travis impacta en su vida, es necesario hacer una comparación que quizá pudiera parecer un poco fuera de lugar y ésta es con Jay Gatsby, con quien comparte un mismo arco narrativo y se le ha comparado en más de una ocasión. La diferencia por supuesto, es que Travis jamás tendrá el adjetivo "gran" detrás de su nombre, ya que, de acuerdo al sistema económico americano por excelencia, un taxista jamás será grande.

En *Underworld USA: El cine independiente americano*, J. Hoberman se refiere a Travis como un Gatsby lumpenproletario adecuado para la pequeño-burguesa que es Betsy.[76] Además de ello, hay que recalcar que cuando se inquiere sobre su formación, ambos personajes contestan con la evasiva "un poco aquí y allá", así pues, conservando la comparación, podemos declarar que para Travis, al igual que para Gatsby, resultaba vergonzoso no ser "igual" que aquellos que le rodean, sin embargo, a los veteranos de la Segunda Guerra, no se les trató igual que a los de Vietnam, Travis no fue a Oxford, ni conoció a un Dan Cody que lo enseñara a ser un caballero, a Travis se le abandonó junto a su vergüenza.

Regresando a los datos provistos a través de la imagen y la palabra, la información que se mencionó se obtiene a través de una entrevista a la que asiste Travis buscando obtener el empleo de taxista. A continuación, se incluyen las preguntas realizadas a Travis y la respuesta provista por el taxista junto a la serie de fotogramas correspondientes a estas. Para evitar las confusiones, se

---

[76] Hobberman, James Lewis, Underworld USA: El cine independiente americano por J. Hoberman, 2012. Disponible en:
https://books.google.es/books?printsec=frontcover&id=TGDS_1cnHKkC&hl=es#v=onepage

incluirá el texto traducido sobre cada fotograma a manera de subtítulos. Hay que mencionar que no se incluirán todas las preguntas, puesto que hacerlo representaría un ejercicio vano y de poco valor pragmático para el análisis, en su lugar se presentarán solo las que se consideran de mayor importancia. [77]

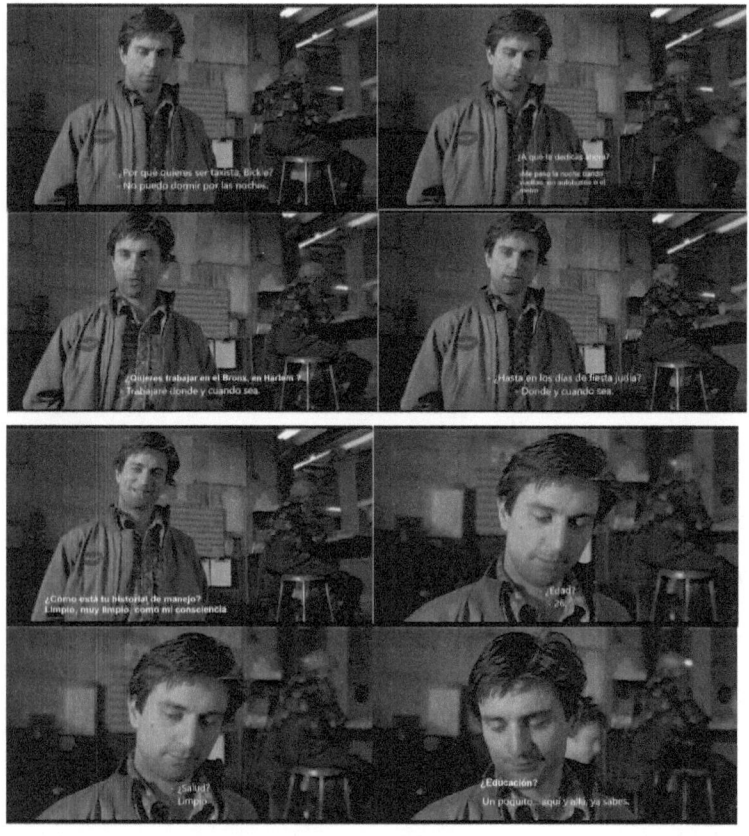

---

[77] Ibídem, 00:02:34 –00:03:33.

La razón por la que se debe crear un retrato de Travis antes de proceder a la introducción de otros personajes tanto en el desarrollo del filme como de este análisis es el mismo, se debe conocer primero el perfil psíquico del protagonista para poder entender de dónde surgen las alteraciones en su percepción de la realidad y así poder formar una realidad libre de la subjetiva visión del protagonista. Siguiendo a los cuadros mostrados arriba, vemos a Travis dejar el edificio en el que se alojan los taxis, sacar una petaca de su bolsillo y beber del licor contenido en ella. En este punto, se puede ver a Travis caminando sin hacer ruido por las calles de Nueva York y efectivamente fundiéndose con el entorno, esto se puede apreciar en la siguiente toma, en que está presente en dos partes de la pantalla sin distinguirse claramente en ninguna.[78]

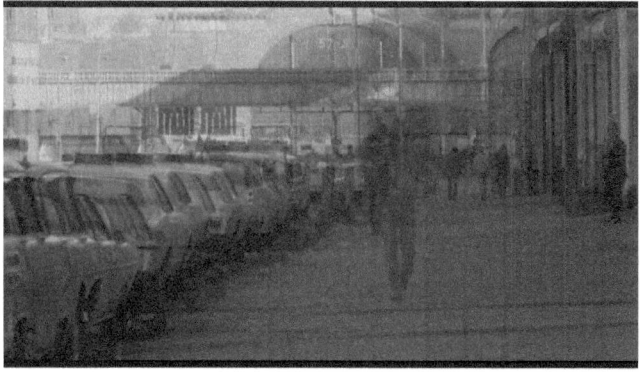

---

[78] Ibídem, 00:04:50.

En la escena siguiente, el espectador conoce el apartamento de Travis: es un cuarto pequeño, la pintura de las paredes y las puertas está sucia y desgastada, hay unas cuantas sartenes colgadas en la pared junto a la estufa y a su lado hay una pequeña cama cubierta de periódicos. Hay latas de cerveza en el piso, de Coca-Cola, cajas de hamburguesas y pastelillos, hay unos pesados barrotes de acero en la ventana junto a la mesa en que escribe Travis y estos se reflejan en el único espejo que se puede ver en estas tomas, si se unen los diferentes fotogramas de la secuencia que muestra su habitación, se obtiene una imagen panorámica como la mostrada a continuación.[79]

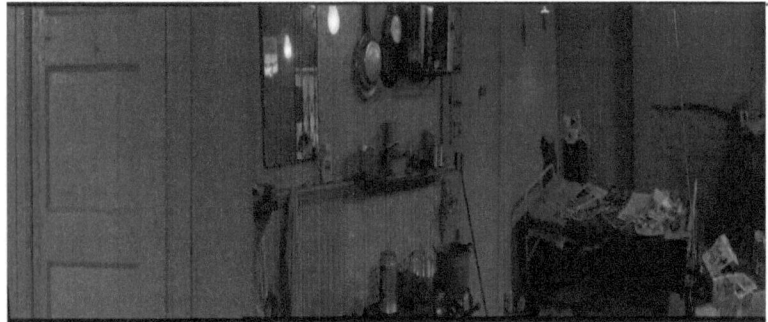

---

[79] Ibídem.

Cabe resaltar que en el guion escrito por Schrader no existía esta escena y fue añadida mientras se filmaba por decisión del director. Originalmente Travis narraba un fragmento de lo que se le ve escribir en su diario mientras conducía por Manhattan. Esta escena añadida, además de mostrar la forma en que nuestro protagonista vive, entrega el primer indicio de su modo de pensar, lo que se logra a través de la lectura en voice-over de una de las páginas de su diario, en el cual se lee:

> May 10th, Thank god for the rain which has helped clean the garbage and the trash of the sidewalks. Im'm working long hours now, six in the afternoon to six in the morning, sometimes even eigth in the morning, six days a week, sometimes seven days a week. It's a long hustle, but it keeps me real busy. I can take three-three fifty a week, sometimes even more if i do it out the meter.[80]

El esperar que la lluvia, por la cual agradece a Dios, se lleve a "la basura" a la que más tarde Travis refiere como

---

[80] "10 de mayo, gracias a Dios por la lluvia la cual ha ayudado a sacar la escoria y la basura de las banquetas. Ahora trabajo turnos largos, de seis de la tarde a seis de la mañana, en algunas ocasiones incluso ocho de la mañana. Seis días a la semana, a veces siete días a la semana, es una jornada larga, pero me mantiene muy ocupado. Estoy ganando entre trescientos y trescientos cincuenta a la semana, a veces más cuando no uso el medidor." (Traducción propia) Ibídem, 00:05:14.

prostitutas, homosexuales, reinas, hadas, adictos y enfermos, recuerda al relato bíblico en el que un diluvio hace exactamente eso, hecho que, unido a la condición de llamarse "el hombre solitario de Dios" demuestra que, a pesar de no estar afiliado a religión alguna, Travis es un extremista, algo semejante a un zelote.

El agua es un símbolo recurrente en *Taxi driver,* tanto en los diálogos como en la imagen, la primera aparición de este símbolo en el plano de la imagen sucede a la mitad del séptimo minuto del filme, vemos agua saliendo de un hidrante y formando lo que pareciera ser un portal, que por supuesto el protagonista atraviesa. Hay que tener en cuenta que el símbolo del agua representa la transición de un estado a otro dentro de lo narrado y como ya se sugirió, la aparición de éste coincide con la primera aparición de Travis como taxista, que es también la primera vez que alguien se refiere a él como "conductor". Lo ocurrido en esta escena se repite exactamente una hora después, sólo que en la segunda ocasión no es un portal sino un espejo de agua y en esta ocasión coincide con la primera vez que el protagonista comete un asesinato.

En las escenas siguientes, vemos a Travis limpiando el semen y la sangre de los asientos traseros de su vehículo, posterior a ello se dirige caminando a un cine para adultos, entra y se intenta presentar ante la mujer que se encuentra en la entrada, respecto a esto, en el guion se lee: "Travis rests his elbow on the counter, looking at the Girl. He is obviously trying to be friendly - no easy task for him. God knows he needs a friend."[81] Travis fracasa en su intento de conseguir un amigo y además de ello, de ser llamado por su nombre, cosa que rara vez sucede en el filme. Después de esto, Travis declara en voice-over: "Twelve hours of work and I still can't sleep. Days go on and on, and they don't end."[82] La vida de Travis carece de sentido.

En este punto de la narración se ha terminado de delinear el primer retrato actorial de Travis, por tanto, es el momento de introducir al resto de personajes, iniciando con Betsy. Justo antes de que aparezca en escena, podemos escuchar la voz de Travis declarando que todo lo que su vida necesitaba era un objetivo, pues no cree que uno deba dedicarse a la mórbida atención propia, sin embargo, en

---

[81] "Travis coloca su hombro sobre el mostrador, mirando a la chica. Él está obviamente tratando de ser amigable – lo cual no le resulta sencillo. Dios sabe que necesita un amigo." (Traducción propia) Schrader, *Op. Cit.,* pág. 8.
[82] "Doce horas de trabajo y sigo sin poder dormir. Los días siguen y siguen y nunca terminan." (Traducción propia) Scorsese, *Taxi driver,* 00:09:57.

palabras de Schrader, eso es lo único que Travis hace, por ello no conoce a ningún cantante, político, escritor, etc.[83]

Al introducirse el personaje de Betsy en la narración, la cámara nos entrega un plano subjetivo o P.O.V.[84], que hemos de suponer, representa lo que Travis veía la primera ocasión que se encontró con ella. Además de lo anterior, la banda sonora presenta un cambio notable, pues los instrumentos dominantes dejan de ser los de percusión y ahora son los de cuerdas; mientras esto sucede, Travis Bickle describe cómo fue el encuentro en la forma típica del género negro, a través del voice-over, en el que declara: "I first saw her at Palantine campaign headquarters at 63rd and Broadway. She was wearing a white dress.She appeared like an angel... out of this filthy mass. She is alone. They... cannot... touch her".[85]

---

[83] Cfr. Scorsese, Martin, *Taxi driver,* Estados Unidos, Columbia pictures, 1976. (Criterion Collection commentary)

[84] El plano subjetivo es aquel que nos muestra los eventos desde la perspectiva de uno de los personajes, también se le llama P.O.V. que son las siglas en inglés de Punto de Vista (Point Of View).

[85] "La vi por primera vez en una de las oficinas de campaña de Palantine en la 63 y Broadway. Ella llevaba un vestido blanco. Ella apareció como un ángel… salió de esta asquerosa masa. Ella está sola. Ellos… no pueden… tocarla." (Traducción propia . Scorsese, Martin, *Taxi driver,* Estados Unidos, Columbia pictures, 1976., 00:10:23.

Es claro que el objetivo hacia el cual Travis afirma que debe apuntar su existencia es Betsy y por ello la idealiza y atribuye características angelicales, las cuales se ven reafirmadas con el sonido del harpa que se puede escuchar cuando ella aparece en pantalla además del constante uso del color blanco en la totalidad de su vestimenta. Como se dijo antes, cuando se presenta a un personaje y se le atribuyen cualidades, deben tomar en cuenta de dónde provienen, para saber si el retrato tanto físico como psicológico es objetivo. Lo único que se dice sobre las características físicas de Betsy en el guion de Schrader es que ella es una mujer extremadamente atractiva de unos 25 años.

Otro elemento interesante que se presenta en esta escena, aunado a la cámara en P.O.V. que refleja la perspectiva de Travis, es la presencia del director, Martin Scorsese en la toma, casi en el centro, inamovible, a diferencia del resto de personajes que cruzan por la pantalla. Es claro que Betsy roba su atención por un momento y la observa mientras se desliza entre la multitud y de forma menos notoria, mira directamente hacia la cámara, que en esta ocasión equivale a mirar a Travis a los ojos, pero él no lo nota, Travis nunca nota cuando lo observan porque es incapaz de ver cuando no encaja en un determinado ambiente.[86]

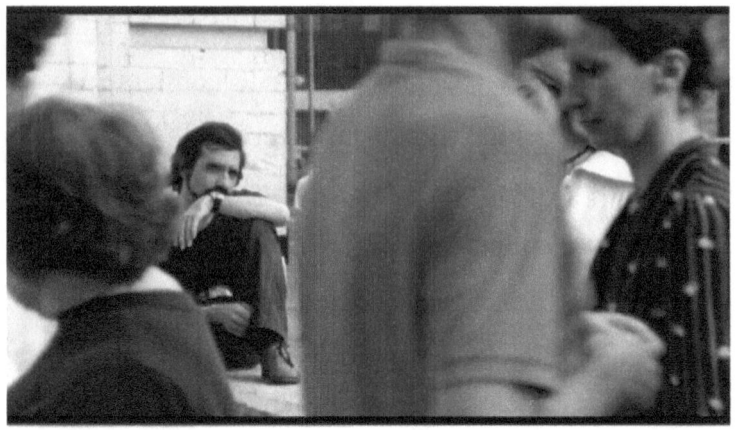

Se debe mencionar que cada que se presenta a uno de los cuatro personajes mencionados (Betsy, Iris, Sport y Palantine), se añaden rasgos de caracterización a Travis. Por ello, antes de proceder con el análisis de la relación que existe entre estos personajes, resulta relevante estudiar la relación que Travis tiene con cada uno de ellos. Por supuesto, hay que explicitar que las relaciones con Iris, Palantine y Sport son casi incidentales, en oposición a Betsy,

---

[86] Ibídem, 00:10:37.

cuya compañía es buscada por Travis, ya que representa todo lo que el taxista desearía ser.

Antes de que Travis se atreva a acercarse a ella, la observa desde lejos, creyendo no ser visto mientras lo hace. La distancia que separa a los dos personajes, no sólo en el plano físico, sino intelectual, cultural, económico y por supuesto social es abismal, y por ello se acentúa con cierta constancia a lo largo del filme. Siendo quizá el más notable de estos momentos el que se da al finalizar la cinta, pero se hablará de ello más tarde. Para expresar este distanciamiento, se utiliza el siguiente conjunto de tomas que corresponden a un plano detalle del rostro de Travis y uno del rostro de Betsy, seguidos de un alejamiento de la cámara que muestra la lejanía entre ambos.[87]

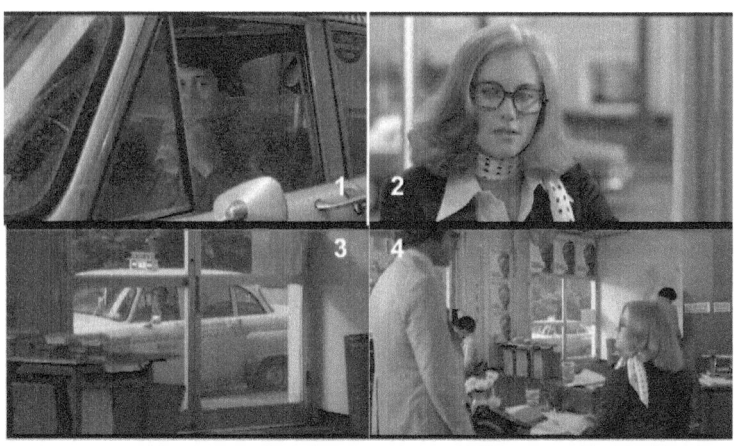

---
[87] Ibídem, 00:12:45 – 00:12:55.

Una parte importante de esta escena es cómo Travis resulta intimidado por Tom, hasta el grado de huir del lugar sin detenerse a escuchar lo que éste le iba a decir y cómo más adelante en contraste a esta escena, vemos al taxista en la misma situación, sólo que la segunda vez ignora a un policía. Elementos como este, que estructuralmente se repiten con diferentes resultados, son los principales indicadores que se dan al espectador sobre la transformación psíquica de Travis.

En la escena siguiente vemos al protagonista conduciendo de noche por la ciudad de Nueva York, distraído, perdido entre dos arcos de desarrollo que podrían corresponderle, es decir, el espectador debe desconocer si Travis logrará "convertirse en una persona, como otros"[88] o si se transformará en ese otro Travis destructivo que también parece posible de acuerdo con el comportamiento del personaje. Esta ambivalencia es sugerida mediante la presencia simultánea de la luz verde y roja en el semáforo en que vemos a Travis esperando.[89] Y por supuesto, el modo en que se desarrollará el personaje también es sugerido por la luz que termina dominando, pues después de este se

---

[88] Ibídem.
[89] Ibídem, 00:13:40.

muestra una serie de doce semáforos en verde uno detrás del otro hasta que se corta la escena.

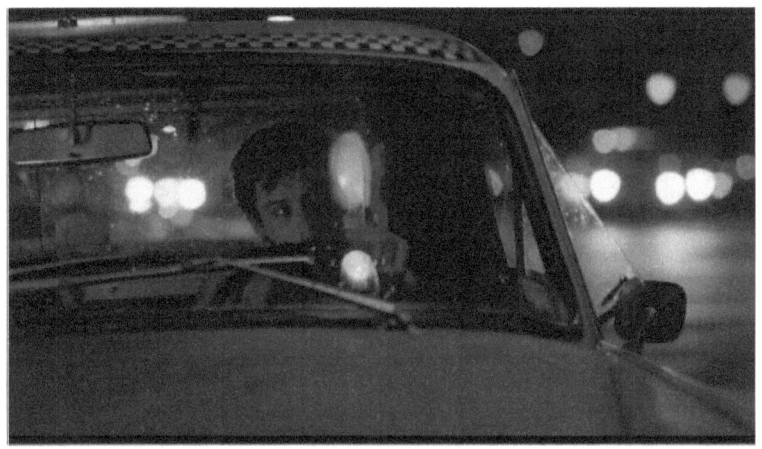

Un aspecto clave que se debe tomar en consideración es que mientras se muestra al distraído conductor, es el tema de Betsy la pieza que se escucha, lo que significa, además de que obviamente su pensamiento está fijado en ella, descubrimos que el contacto con Betsy es el principal catalizador de los cambios psíquicos del taxista. Se debe recalcar que a partir de este punto y no sólo cuando se presentan en los semáforos los colores rojo y verde serán utilizados precisamente para expresar en el plano de la imagen cuál de los posibles principios de acción rige el comportamiento de Travis: el rojo indicando que la transformación psíquica del personaje se encuentra estática y él estable, mientras que la presencia del color verde indica que el trastorno del personaje es la fuerza conductora de su ser y hacer.

Como ya se sugirió, desde el inicio de la cinta se plantea que el protagonista tiene problemas desarrollándose en el ambiente que lo rodea y pronto nos damos cuenta de que su identidad no es muy clara y desconocemos completamente su pasado. Como se ha expresado arriba, existen dos vertientes de desarrollo actorial a través de las cuáles Travis podría crecer, la primera siendo la del Travis estático y pasivo, la otra el Travis mutable y agresivo. A continuación, se muestran los puntos más altos de desarrollo de cada una de estas facetas del personaje. [90]

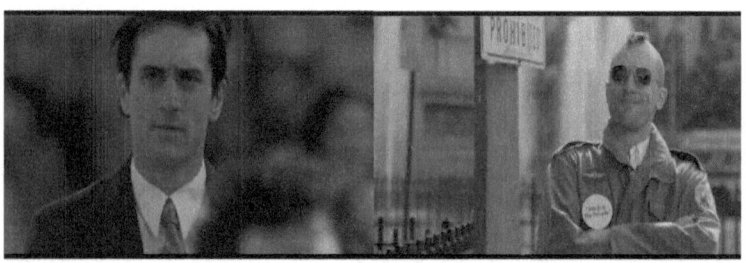

En el cuadro de la izquierda vemos a un Travis prolijo, casi inexpresivo, casi fundido en el grupo de

---

[90] Ibídem.

personas que le rodean, como un miembro productivo de la sociedad. En el cuadro de la derecha, Travis es mostrado solo, sonriendo, portando un distintivo con el lema de campaña de Palantine y por supuesto, con el cabello cortado en estilo mohawk, el cual recuerda al portado por las tropas americanas en Vietnam, particularmente por aquellos que iban a una misión de la cual no regresarían. Hay que recalcar, que en la vestimenta de Travis predomina el color asociado con cada una de las facetas más que en cualquier otro momento del filme.

A pesar de que las escenas que siguen a las imágenes mostradas tienen una fuerte carga semántica y semiótica, se dejarán fuera del presente análisis ya que no contribuyen directamente a la relación entre Travis y alguno de los personajes mencionados. A partir de ese momento el rojo y verde se vuelven colores significativos en lo que concierne al actuar de Travis, esto quiere decir que serán tomados únicamente como posibles indicadores del estado mental del personaje y no como símbolos independientes que se repetirán a lo largo de la cinta.

Continuando con la relación que existe entre Travis y Betsy, la primera vez que estos dos personajes hablan, podemos notar que el conductor se proyecta en Betsy cuando ella pregunta por qué debería aceptar su invitación, él contesta:

> I'll tell you why, i think you're a lonely person, i drive by this place a lot and i see you here, i see a lot o people around you, and i see all this phones and i see all this stuff in your desk and it means nothing, now when i came inside and i met you, i saw in your eyes and in how you carried yourself... that you're not a happy person, and i think you need something. And if you wanna call it a friend, you can call it a friend.[91]

Que Travis le diga a Betsy que necesita un amigo cuando ella trabaja todos los días rodeada de las mismas personas mientras que él trabaja solamente con desconocidos, demuestra la falsedad que existe en la declaración del taxista pues es él quien necesita un amigo.

Es claro que Betsy tiene una relación completamente funcional con sus compañeros de trabajo, mientras que Travis apenas y cruza palabra con sus compañeros,

---

[91] "Te diré por qué, creo que eres una persona solitaria, conduzco mucho por este lugar y te veo aquí, veo mucha gente a tu alrededor, y veo todos estos teléfonos y veo todo esto en tu escritorio y no significa nada, ahora cuando entré y te conocí, vi en tus ojos y en cómo te comportas... que no eres una persona feliz, y creo que necesitas algo. Y si quieres llamarlo un amigo, puedes llamarlo un amigo." (Traducción propia) Ibídem.

exceptuando a Wizard, por supuesto. Resulta relevante mencionar que sólo es en el momento en que Travis necesita un arma cuando interactúa (aunque fuera de la pantalla) con otro de los taxistas del turno nocturno que se reúnen todos los días en alguna de las cafeterías de la ciudad; e incluso cuando habla con ellos podemos apreciar la pronunciada distancia que existe entre el protagonista y sus compañeros.[92]

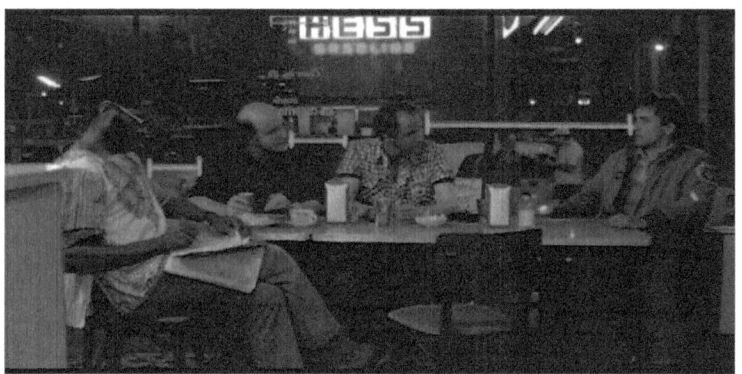

En esa misma escena podemos notar que la mente de Travis no se encuentra en el mismo lugar que la de sus compañeros, y su estado mental actual es uno de efervescencia, esto se expresa con una toma de más de veinte segundos en que el taxista observa las burbujas que hay en

---

[92] Ibídem, 00:15:29.

un vaso de agua, la cámara se acerca cada vez más, hasta que no hay otro objeto en el encuadre.[93]

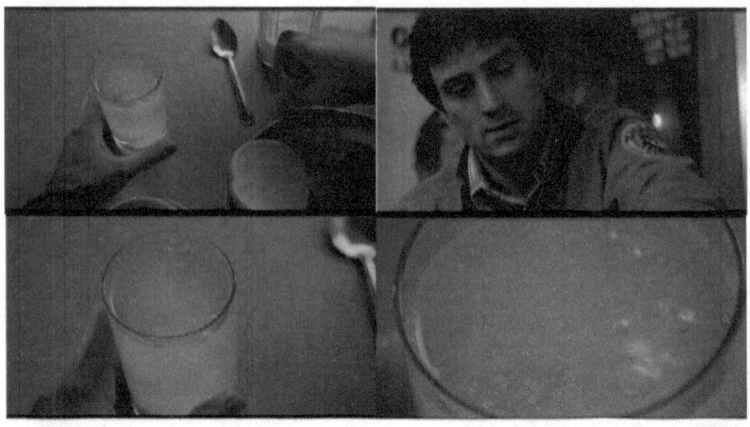

Regresando a la relación de Travis y Betsy, cuando se encuentran en Charles coffee shop se nota la distancia que existe entre los dos a través del encuadre que se utiliza para cada uno, es posible apreciar que Travis está solo, a pesar de estar acompañado, es decir, cuando la cámara enfoca el rostro de Betsy, es posible ver también una parte de la cara del taxista, no así cuando se le enfoca a él. Además de eso, podemos ver por la expresión en el rostro de Travis, que no le agrada nada de lo que Betsy dice. En especial cuando lo llama una contradicción.[94]

---

[93] Ibídem, 00:17:16 – 00:17:41.
[94] Ibídem.

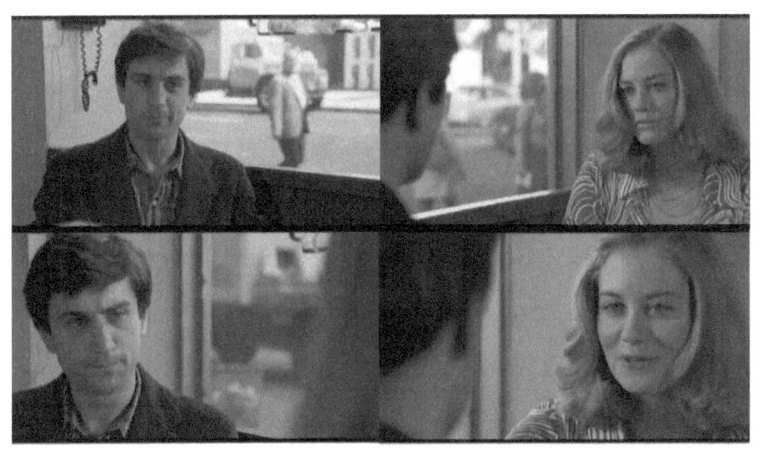

Debido a su riqueza semiótica y semántica esta es una de las escenas de mayor importancia para un estudio de la naturaleza del presente, no obstante, para evitar la repetición de lo que concierne a ella, se deberá optar por explorar esta escena más delante, de lo contrario, el apartado Iris/Betsy se vería desprovisto de uno de sus puntos de unión primordiales. Lo único que por el momento se debe recalcar es la forma en que Betsy describe a Travis, es decir, "a prophet and a pusher, partly truth partly fiction, walking contradiction"[95], sobre esto hay que señalar que la composición de Kris Kristofferson no contiene esas palabras

---

[95] "Un profeta y un vendedor de drogas, parte verdad y parte ficción, una contradicción ambulante." (Traducción propia) . Scorsese, Martin, *Taxi driver,* Estados Unidos, Columbia pictures, 1976.

en ese orden, sino que son un reacomodo producto de la memoria de Betsy.

Este es el primer punto en la narración en que uno de los personajes señala lo ambivalencia contenida en Travis, pero no sólo eso, Betsy lo llama un profeta, un vendedor de drogas, y una contradicción y Travis sólo niega ser un vendedor de drogas, sin embargo, cabe la posibilidad de que el taxista desconozca el uso coloquial del término "pusher" y crea que literalmente lo acusa de ser alguien que empuja a las personas a ciertas circunstancias, lo cual niega. Tendría sentido que el taxista desconozca la jerga utilizada por el compositor, pues más delante, al conocer a Sport sucede algo semejante.

Inmediatamente después de la escena del café, se introduce al resto de personajes que serán estudiados en este trabajo, el primero de ellos es Charles Palantine, el candidato, después Iris, la joven prostituta y por último Sport, el proxeneta. Es relevante incluir sus "trabajos" a modo de epítetos ya que, como bien lo señala Wizard, un hombre toma un trabajo y ese hombre se convierte en el trabajo, lo cual sucede con todos los personajes en el filme, a excepción de Betsy. De nuevo, para evitar las repeticiones, sólo se mencionará a brevedad cómo se introduce a los últimos tres personajes de nuestro análisis, los que serán tratados a detalle más adelante, en sus propios apartados. Charles Palantine es presentado como un pasajero en el taxi de Travis, se explica que él subió ya que no quiso esperar su limosina. Y de inmediato hace uso de su carisma para cautivar a Travis, quien ya está predispuesto, pues lo ve como una especie de extensión de Betsy.

Palantine es mostrado como un hombre carismático e inteligente que es capaz de obtener de Travis exactamente lo que desea con sólo hacerle un par de preguntas. Charles es de los cinco personajes del estudio el que menor contacto directo tiene con Travis, sin embargo, su figura aparece más que la de ningún otro, sea en los carteles de las calles, en las oficinas en que trabaja Betsy, o en la televisión. A continuación, se introduce a Iris y Sport como un conjunto, aún sin una designación nominal.

Se debe notar que, en este punto del filme, Travis no se preocupa por la situación en que se encuentra Iris, pues a su parecer, su objetivo en la vida aún es el de "rescatar" a Betsy. En este momento el espectador recibe el primer indicio de que existirá un paralelismo entre Sport y Palantine, y este contribuirá al desarrollo de la dualidad no sólo del personaje protagonista sino del mundo en el que vive, esto se entiende ya que, tanto Palantine como Mathew pagan al taxista más de lo que debían, sin embargo, el dinero del primero de ellos es aceptado con gracia mientras que el del segundo es visto como un objeto despreciable, inutilizable, una marca, la cual el taxista devuelve al círculo de Mathew para más delante destruir la mano que lo tomó.

Aunque hasta aquí la caracterización actorial de Travis está incompleta y no se ha terminado de delinear a los personajes centrales de la trama, se debe cerrar este subtema, puesto que lo que se menciona que quedará inconcluso, será analizado a profundidad en los apartados posteriores. A pesar de que estos apartados lleva por título el de los dos personajes que se pretende analizar, se debe recalcar que se estudiará la relación que existe entre ellos en el filme y desde la perspectiva de Travis, pues vistos como unidades actoriales independientes, ni Betsy tiene relación con Iris ni Palantine con Sport y parecería más lógico acomodar a los personajes de la siguiente forma: Betsy/Palantine y Iris/Sport, no obstante, ese análisis de poco o nada serviría para nuestro principal objeto de estudio, que es la dualidad de Travis y su percepción de la realidad.

Antes de continuar, se debe lanzar luz hacia un punto que facilitará la comprensión de la visión dual de Travis, este es la presencia de los reflejos idénticos-opuestos en el filme, tanto en el plano de lo visual como en el plano narrativo. Con esto nos referimos a que cada personaje tiene un doble opuesto complementario que pertenece a un ámbito social y cultural distante al suyo, a excepción del taxista, que se divide en dos: el Travis pacífico que necesita compañía y el Travis destructivo, estas unidades actoriales no pueden encontrarse contenidas en la pantalla a un mismo tiempo, por lo que una debe sustituir a la otra.

Como ya se dijo, el espectador podrá identificar cuál de estas unidades se encuentra en pantalla a través de los colores que lo rodean. Del mismo modo, los espejos en el filme plantean la existencia de dos Travis o bien, dos realidades entre las que el taxista se encuentra dividido. La importancia que estas van cobrando a lo largo del filme sirven al espectador para identificar el grado de progresión de la transformación psíquica del taxista, claro que esto se presenta de un modo bastante sutil y casi imperceptible.

Para ilustrar este punto, se presentan a continuación un conjunto de imágenes en que se filman los espejos del apartamento de Travis y muestran cómo el personaje se adentra más en esta realidad creada por él mismo, hasta que es la única que existe. Tal como se puede apreciar en la imagen, los espejos contenidos en el apartamento de Travis son cada vez más grandes y encierran una mayor parte del personaje hasta que no solo lo contienen a él sino también todo lo que lo rodea. Cuando se observa el filme, este detalle puede pasarse por alto, sin embargo, con la imagen congelada es más que claro. [96]

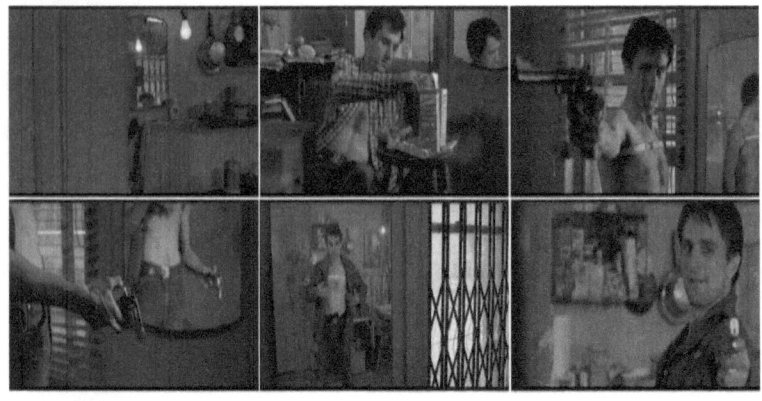

Como se puede apreciar en la última de estas tomas, pareciera que Travis está sosteniendo el arma con la mano izquierda, no obstante, es posible notar que las cacerolas del fondo están al revés si se comparan con la primera imagen y por supuesto, el lunar en el rostro de De Niro está en el lado izquierdo de su cara. Demostrando que la transformación del

---

[96] Ibídem.

protagonista está completa y sólo podrá salir de ella cuando haya cumplido con su objetivo de "enfrentarse a la escoria".

Iris & Betsy

Iris y Betsy son dos personajes que no se cruzan durante todo el filme pero que tienen una importante relación entre sí debido al modo que tiene Travis de verlas. Travis muestra signos claros del complejo madona-whore, identificado por Freud en la que es quizá su obra más influyente dentro del conjunto de complejos que producen "impotencia psíquica". Como el nombre del complejo lo sugiere, este representa una dicotomía en la forma en que el afectado percibe a las mujeres con las que interactúa y las clasifica dentro de dos grandes unidades santa – puta.

Quizá sea fácil para el espectador descubrir cuál de estos dos personajes femeninos se encuentra en cada una de las categorías anteriores. Betsy es presentada como intocable y casi etérea, mientras que Iris es literalmente una prostituta de 12 años y medio, sin embargo, el plano de la imagen parece reforzar la idea de que Travis percibe a Iris como una especie de santa[97], su habitación llena de pequeñas velas

---

[97] Lo cual posicionaría a Betsy en el otro lado del espectro.

encendidas de modo que aparenta ser un santuario es quizá el más fuerte de estos indicadores.[98]

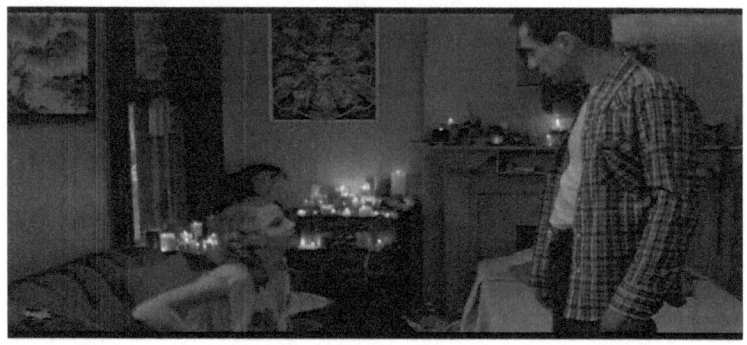

Para explicar mejor esta dicotomía, regresemos al complejo de Travis. De acuerdo a la asociación americana de psicología (American Psychology Association), "The Madonna-Whore Dichotomy (MWD) denotes polarized perceptions of women in general as either 'good,' chaste, and pure Madonnas or as 'bad', promiscuous, and seductive whores."[99] Existe más de una teoría respecto al origen de tal complejo, entre las cuales destacan las de Freud, que explica

---

[98] Ibídem.
[99] La dicotomía Madonna – puta denota una percepción polarizada de las mujeres en general como "buenas" castas y puras madonnas o como "malas", promiscuas y seductoras prostitutas. (Traducción propia) Bareket, O., Kahalon, R., Shnabel, N., & Glick, P. "The Madonna-Whore Dichotomy: Men who perceive women's nurturance and sexuality as mutually exclusive endorse patriarchy and show lower relationship satisfaction."

que el complejo puede deberse a un división entre las corrientes de deseo afectivo y sexual; por otro lado menciona que este complejo puede desarrollarse desde la infancia pues desde la perspectiva del infante ha sufrido numerosos ataques por parte de su madre y al convertirse en hombre busca "vengarse" por esos ataques en mujeres que ocupen el lugar de su madre.

Estudios más recientes, como el llevado a cabo por Bareket, O., Kahalon, R., Shnabel, N., & Glick, P., en el que se entrevistó a 108 hombres israelís heterosexuales y se encontró una relación entre su deseo de mantener el sistema de género actual, actitudes sexistas y doble moral en cuanto a sexualidad, sugieren que más allá de estar relacionado con complejos sexuales no resueltos o tendencias psicológicas no tratadas, este complejo deriva del deseo que tiene el individuo de reforzar la estructura patriarcal en que se desarrolló.[100]

En el presente análisis, sería difícil atribuir una de estas causas al modo de ver el mundo de Travis, ya que difícilmente sabemos algo de su pasado, sobre esto, Paul

---

[100] Cfr. Bareket, O., Kahalon, R., Shnabel, N., & Glick, P. "The Madonna-Whore Dichotomy: Men who perceive women's nurturance and sexuality as mutually exclusive endorse patriarchy and show lower relationship satisfaction."

Schrader dijo en entrevista con Roger Ebert: "I wrote it that way after thinking about the way they handled "In Cold Blood." They tell you all about Perry Smith's background how he developed his problems, and immediately it becomes less interesting because his problems aren't your problems, but his symptoms are your symptoms."[101] Por lo anterior hemos de centrarnos en las consecuencias y no en el origen del complejo de Travis.

Para el taxista pues, sólo existen dos tipos de mujeres, "buenas" o "malas", y cada uno de los tipos tiene características que ya establecimos más arriba. Travis ve a Betsy como una mujer "buena" y la descripción que hace de ella, en la que le atribuye características angelicales da cuenta de las implicaciones religiosas, particularmente católicas. El personaje de Iris también tiene implicaciones religiosas, y es de relevancia mencionar que no es descrita por Travis y en un inicio ni siquiera ofrece su nombre real, sino que dice llamarse "Easy", lo cual, desde la perspectiva narratológica sugiere que el personaje cambiará debido a la

---

[101] "Lo escribí así después de pensar en la forma en que manejaron "A sangre fría". Ahí te cuentan todo sobre la vida de Perry Smith, cómo desarrolló sus problemas, e inmediatamente se vuelve menos interesante porque sus problemas no son tus problemas, pero sus síntomas sí son tus síntomas." (Traducción propia) Ebert, Roger, "Interview with Martin Scorsese".

mutable e indefinida moral religiosa del protagonista lo conduce a verla como "mala".

Claro que como se ha dicho antes, Travis es un personaje ambivalente, por lo que su modo de pensar respecto al resto de los personajes puede cambiar conforme se desarrolla la cinta, por ello, gran parte de su identidad dual es expresada a través de espejos en la película, siendo el filme mismo una especie de espejo, pues justo en el centro de la grabación es cuando se da de forma definitiva la transformación psíquica del taxista, a esto podemos añadir las semejanzas que existen entre escenas en momentos opuestos del mismo.

Para entender este planteamiento, que es en principio sumamente sencillo, debemos imaginar que el filme está siendo reproducido de modo simultáneo en dos plataformas, la primera de ellas lo muestra tal como fue grabado, de inicio a final, mientras que la segunda lo haría de final a inicio. Al hacerlo descubriríamos, por ejemplo, que las imágenes mostradas al inicio y al final mientras aparecen los créditos son semejantes. O bien, por dar un ejemplo más concreto, notaríamos que a los veinticinco minutos de iniciada la película de modo tradicional se muestra a Travis y Betsy almorzando, mientras que, en el filme comenzado por el otro extremo, veríamos al mismo tiempo, a Travis y Iris haciendo lo mismo. Solo con una finalidad ilustrativa se incluyen a continuación una serie de cuadros que muestran estas "escenas semejantes" que suceden en momentos opuestos. [102]

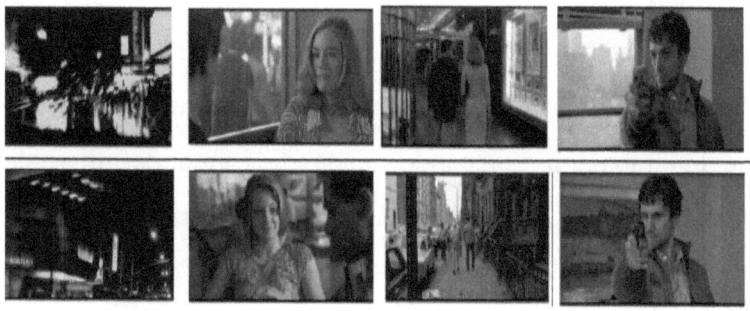

Además de ilustrar el punto anterior, estas imágenes sirven para mostrar cómo es que la transformación del taxista supone también la transformación de los personajes a su alrededor, es decir, a partir de que Betsy rechaza a Travis en el teléfono, la realidad del taxista se distorsiona de tal modo que Betsy se vuelve para él una mujer "mala" y Iris en una "buena" y por ello busca ayudar a la segunda cuando en un inicio no se molestó siquiera en mirar atrás.

---

[102] Scorsese, *Taxi driver*.

Por supuesto, no se pueden dejar fuera los indicadores de la transformación en la percepción del taxista y las referencias a las tradiciones católicas que permean todo el asunto. Travis menciona en su primer encuentro con Betsy que apareció como un ángel, mientras que en su último encuentro (exceptuando el epílogo) dice que ella vive en el infierno como todos los demás y morirá en ese infierno, por último, le dice: eres como el resto y sigue hablando de eso en su diario. A continuación, vemos en pantalla una vez más al director Martin Scorsese, esta vez como un pasajero en el taxi de Travis que le asegura que va a matar a su esposa con una Magnum .44, tal como la que el taxista pide a Easy Andy[103], lo que da un indicio de que su plan original era asesinar a Betsy.

El plan de Travis se ve modificado muy pronto, pues de modo incidental el taxista detiene un asalto que estaba siendo llevado a cabo por un afroamericano, lo cual sirvió para reforzar tanto las actitudes racistas del taxista como su creencia de que alguien debía hacerle frente a lo que éste se refiere como la escoria o la basura. Es posible argumentar que el intento de asesinar al senador tiene motivaciones

---

[103] El vendedor de armas.

políticas, ya que, aunque no se establece explícitamente, Palantine es el candidato de la izquierda, mientras que Goodwin el de la derecha. Del segundo de estos dos candidatos sólo conocemos el apellido, rostro y slogan de su campaña que pueden verse en un afiche.

El slogan de Goodwin es "A return to greatness" que indudablemente recordará al espectador del siglo XXI al famoso lema "Make America great again", lo que permite posicionar a Goodwin en la derecha sin mayor problema, no así en 1976. Este slogan se opone al "We are the people" de Palantine, por lo cual podemos inferir que Palantine es un senador populista, asunto que se confirma con el discurso que da en Columbus Circle en el que dice:

> For far too long, the wrong roads have been taken. The wrong roads have led us into war, into poverty... into unemployment and inflation. Today I say to you, we have reached the turning point. No longer will we, the people, suffer for the few. Now, I would lie to you if I told you the new roads would be easy. They will not be easy. Nothing that is right and good has ever been easy. We, the people, know that. And we, the people, know the right roads and

the good. Today I say to you, we are the people, you and I. And it is time to let the people rule!¹⁰⁴

Así pues, la victoria de Palantine en las elecciones representaría para Travis el final definitivo de todo en lo que cree, pues se buscaría la igualdad ante todo y a sus ojos, el poder sería entregado al pueblo, es decir, a la escoria. No obstante, aunque lo anterior pareciera plausible, Schrader comentó en una entrevista al respecto: "[Bickle wants to kill Palantine] Because Palantine represents a man who is at ease. He hates men who are relaxed with women. Because they are the one thing he cannot be. So it doesn't have anything to do with politics, it has to do with sexuality."¹⁰⁵

Visto pues desde la perspectiva de la sexualidad, Travis puede creer que es debido a la influencia de Charles Palantine que Betsy se convirtió en una mujer "mala", o bien, que de algún modo está siendo oprimida por el senador.

---

[104] Ibídem.

[105] [Bickle quiere matar a Palantine] Porque Palantine representa a un hombre calmado, él odia a los hombres que se muestran relajados alrededor de las mujeres. Porque son algo que él no puede ser. Así que no tiene nada que ver con política, tiene que ver con sexualidad (Traducción propia). Thurman, John, Embedded: The Anti-Imperialism in Taxi Driver disponible en:
https://cineprism.wordpress.com/2007/12/11/embedded-the-anti-imperialism-in-taxi-driver/

También podríamos creer que el taxista busca terminar con el que percibe como un obstáculo o, mejor dicho, un rival en su búsqueda del amor de Betsy. Quizá en la mente de Travis, terminar con la vida de su rival significaría ganar de manera definitiva el afecto de Betsy.

De nuevo, todas estas posibles teorías resultan admisibles en ciertos aspectos, pero algunos otros no, por ejemplo, si Travis buscara deshacerse de Palantine como su rival, y obtener el afecto de Betsy, no tendría sentido que dejara una nota a Iris en la que afirma que al momento en que ella lea eso, él habría muerto. Quizá, la única razón por la que Travis busca asesinar a Palantine es el alcanzar cierto nivel de fama, y efectivamente lo consigue después de asesinar a Sport y los miembros de su círculo.

O bien, el desenlace es intencionalmente turbio y presenta a la fama como un objeto igualmente ambiguo, esto coincide con el cierre de más de una película de Scorsese, por ejemplo, The king of comedy (1983), en donde Rupert Pupkin, también interpretado por De Niro, se vuelve famoso después de secuestrar al presentador Jerry Langford. Con esto, podemos apreciar que para Travis no solo es Iris un reflejo de Betsy, sino que también lo es su círculo social, su mundo y por supuesto, la figura de autoridad más próxima a ella, es decir, Travis percibe a Sport como un reflejo de Palantine y por ello, al fracasar en su atentado contra uno, va en busca del otro.

Sport & Palantine

La semejanza entre Sport y Palantine es un poco más sutil que en el caso anterior, pues son personajes pertenecientes a estratos sociales, culturales, económicos y políticos totalmente opuestos. No solamente eso, debido a que son personajes de importancia considerable a pesar del poco tiempo que aparecen en pantalla, su caracterización debe ser clara desde el inicio tanto para entender a cada uno de los personajes de manera individual como para poder posicionarlos a uno lejos del otro y a la vez comprender que existe una relación entre ellos.

 El primero que se presenta es el senador Charles Palantine, más que como un personaje como un ícono, vemos su nombre y su rostro por todos lados moviéndose entre la ciudad, escurriéndose incluso hasta los rincones más profundos del mundo narrado, por ejemplo, el apartamento de Travis, esto para demostrar su influencia y por supuesto su poder. Sport por su parte, es también una figura que da muestras del poder que ejerce sobre otros desde el momento en que se presenta, no obstante, lo hace de una forma muy diferente a Palantine. Por supuesto, también debemos mencionar que además de Travis, Palantine es el único personaje en el filme que tiene un apellido, Sport por su lado, tiene sólo un nombre falso[106] y un apodo, que por cierto resalta sus características físicas.

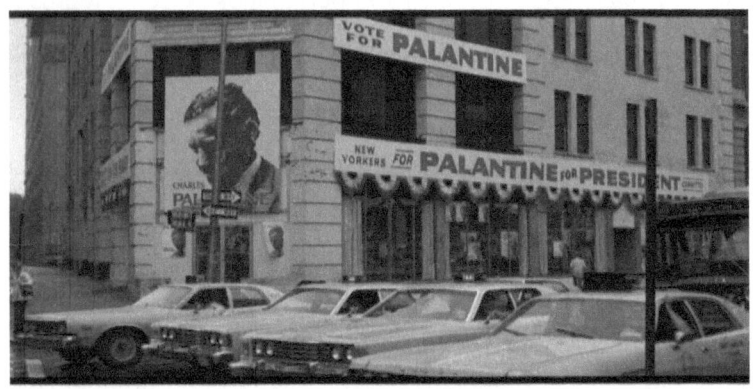

Como se puede apreciar en la imagen[107], Charles Palantine, más que ser un hombre es una institución, es una idea. La primera vez que se menciona al personaje tanto en el guion como en el filme, se le compara con un producto a

---

[106] Su nombre real es Charles Rain, pero sólo podemos saberlo al leer las notas publicadas en los periódicos que se encuentran en el apartamento de Travis.
[107] Ibídem.

la venta, en el caso del guion podemos leer la siguiente conversación entre Betsy y Tom:

> BETSY: (as if instructing a child) First push the man, then the issue. Senator Palantine is first of all a dynamic man, an intelligent, interesting, fascinating man. TOM: You forgot "sexy". BETSY: No, I didn't forget "sexy". [...] TOM: Well, for Christsakes, you sound like you're selling... I don't knowwhat... cars... not issues.[108]

En el caso del filme se cambió la comparación y en lugar de vender autos, Tom compara la actividad de Betsy con vender enjuague bucal, a lo que ella contesta que efectivamente lo están haciendo.

Antes de que se presente a Sport, cuando aparece de entre la multitud y saca a Iris del taxi de Travis sucede exactamente lo opuesto que con Palantine, se muestra todo de él excepto su rostro y se resalta su físico atlético.[109] De la misma forma que sucede con Palantine, se hace una demostración del poder de Sport cuando se presenta, esto a través de la presión que ejerce sobre Iris y la facilidad con que al sostenerla del brazo evita que ella escape, además de

---

[108] Schrader, Paul, Taxi driver, 1976.
[109] Scorsese, *Taxi driver*.

esto, entrega al taxista veinte dólares sin pensarlo y se retira. Puede que en el año actual veinte dólares incluso parezcan poco, sin embargo, desde el año de 1976, el dólar se ha inflado un 370%.

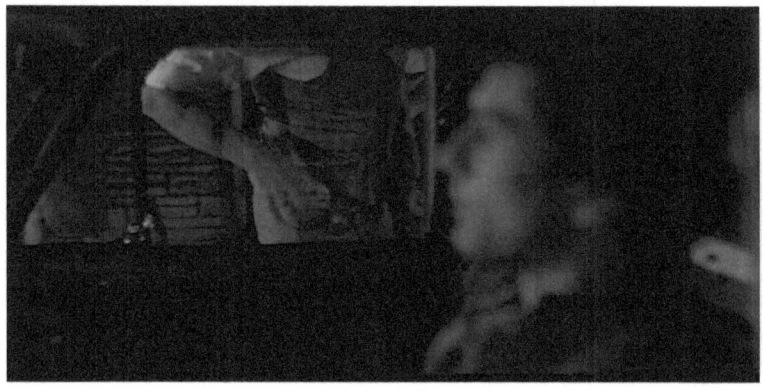

Sport, al contrario que Palantine, es un hombre que ni siquiera puede admitir que está relacionado en forma alguna con su ocupación. ¿Por qué entonces, se dice aquí que existe una relación entre los dos? Por la relación que tienen con las dos mujeres de la vida de Travis, aquí podríamos argumentar que Betsy no tiene contacto directo con Charles, pero sí lo tiene con Tom y por ello, Sport es más bien un reflejo de Tom que del senador, para refutar esta idea, hay que comparar la forma en que se presenta a estos tres personajes.[110]

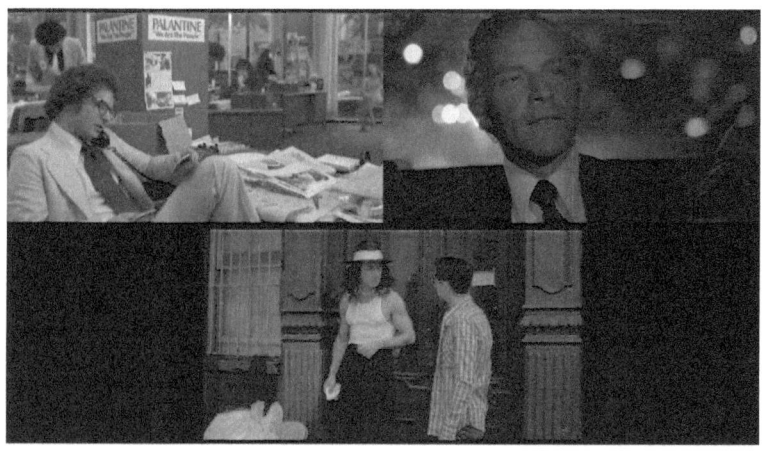

El primero de los mostrados arriba es Tom, a quien podemos ver hablando por teléfono resolviendo problemas triviales que surgen en su empleo y en el fondo se logra ver a Betsy, lo que acentúa la distancia que existe entre ellos dos, del mismo modo que se expresa la distancia entre la misma y Travis. A esto podemos agregar el hecho de que el taxista menciona a Betsy en la escena del restaurante que Tom no le agrada y puede notar que no existe nada entre ellos dos, pues en caso contrario no habría sentido que "tenía el

---

[110] Ibídem.

derecho" de acercarse a ella. Sobre este punto hay que recalcar que, de acuerdo con los comentarios de Travis, podemos inferir que, desde su perspectiva, las mujeres dependen de un hombre como figura de autoridad para poder desarrollarse.

En el caso de los otros dos personajes, Travis de inmediato pregunta si son las personas que él cree. En el caso de Palantine la conversación va de la siguiente forma: "TRAVIS: Are you Charles Palantine, the candidate? PALANTINE: Yes, I am. TRAVIS: I'm a big supporter. I tell everybody that comes in this taxi they have to vote for you."[111] Con Sport no es muy diferente, esta conversación se desarrolla así: "TRAVIS: Your name Matthew? I want some action. SPORT: Officer. I swear I'm clean. I'm just waiting here for a friend. You gonna bust me for nothing, man?"[112]

Ambos personajes, al encontrarse con Travis, perciben algo en el taxista que lo hace parecer extraño. Debido a las cualidades que el espectador atribuye al

---

[111] "TRAVIS: ¿Eres Charles Palantine, el candidato? PALANTINE: Sí, soy. TRAVIS: Soy un gran seguidor suyo. Le digo a todos los que se subven a este taxi que tienen que votar por usted." (Traducción propia) Ibídem.
[112] "TRAVIS: ¿tu nombre es Mathew? Quiero acción. SPORT: Oficial. Le juro que estoy limpio, sólo estoy esperando a un amigo. ¿Me vas a arrestar por nada?" (Traducción propia) Ibídem.

senador, principalmente a partir de la caracterización provista por Betsy, puede suponer que Palantine identifica que Travis puede ser un sujeto peligroso y por ello se vale de su carisma y su habilidad con las palabras para evitar provocarlo y lo hace creer que hay alguien que lo entiende y que busca lo mismo que él. Sport por el otro lado expresa directamente al taxista que hay algo mal en él y que no parece "estar en onda". Al comparar la expresión del taxista al despedirse de cada uno de ellos, se comprueba la efectividad del discurso de Palantine en oposición al de Sport.[113]

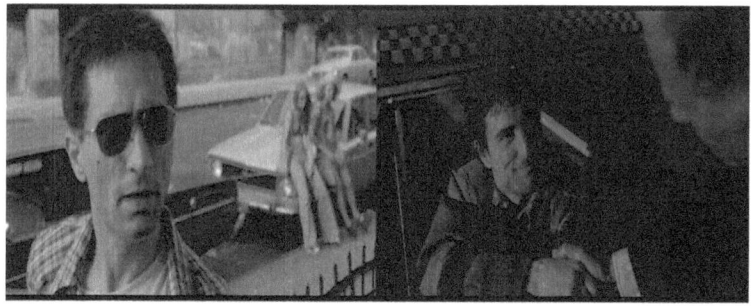

Otro de los puntos importantes de unión de estos dos personajes es, por supuesto, el atentado que lleva a cabo Travis en contra de ambos. El plan de asesinato de Palantine

---

[113] Ibídem.

por parte de Travis se frustrado, de la misma forma que su relación con Betsy y en esta ocasión, decide hacer lo mismo que en la primera, recurre al bajo mundo habitado por Iris para poder llevar a cabo sus fantasías. A simple vista, pareciera ser que efectivamente, la razón de los actos de Travis es el de "salvar la vida de una niña", como después lo dicen los periódicos que vemos pegados a la pared de su departamento, no obstante, el taxista intenta quitarse la vida y al ver a Iris "libre de sus opresores", no se molesta siquiera en hacer contacto visual con ella.

Con esto podemos confirmar que Travis nunca planeó desmantelar el círculo criminal del que Mathew formaba parte, ni tampoco esperaba tener éxito en su cometido. Además, podemos reiterar lo que se sugería más arriba, que el final del filme es intencionalmente ambiguo para dejar espacio a la interpretación de algunos aspectos. Como la naturaleza de la fama obtenida por Travis después de sus actos violentos.

Sobre estos actos violentos hay que resaltar que además de parecer ser llevados a cabo sin motivación aparente, muestran a Travis en su estado más puro, es decir, el Travis que observamos en estas escenas es lo más parecido que podemos ver de su verdadero ser o, mejor expresado, de su propia percepción de su verdadero ser. Este Travis destructivo es (ante sus propios ojos) un héroe, un justiciero, un vengador y sobre todo un mártir. Un punto que expresa de manera simbólica esa actitud de justiciero es que Travis destruye las manos del hombre que tomó el billete de veinte dólares que Sport le dio por su silencio.[114]

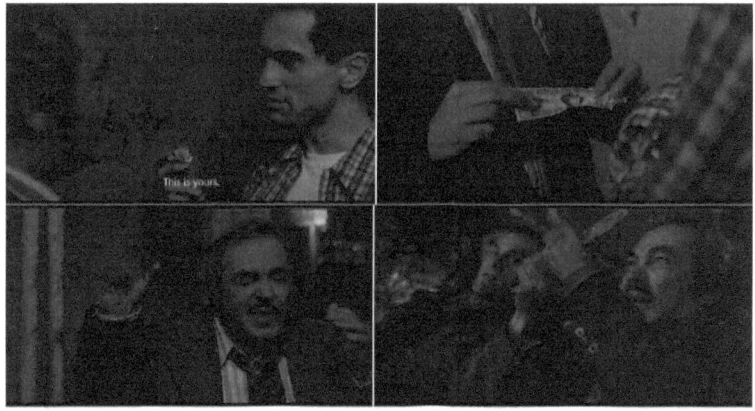

Después del tiroteo, el espectador escucha en voice-over el agradecimiento del padre de Iris por haber regresado

---

[114] Ibídem.

a su hija a casa y es capaz de ver un número de encabezados en que se llama a Travis un héroe. El epílogo de este filme, aunque quizá hubiese sido más apropiado hablar de él en el apartado titulado "Iris & Betsy", pareciera resumir completamente la cinta, mostrando a un Travis relajado y distraído que ha sido finalmente reconocido (lo mereciera o no). Pareciera que todo se terminó, entonces Betsy sube a su taxi y le hace saber que lo vio en el periódico. Después de esto, la deja en su destino y se marcha, unos segundos después vemos a Travis buscándose en el espejo y podemos inferir que sólo está esperando un catalizador para volver a comenzar su descenso hacia la locura.[115]

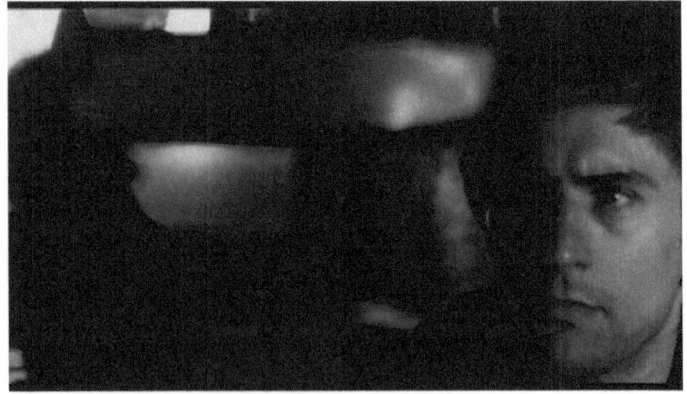

---

[115] Ibídem.

CONCLUSIONES

El cine es un arte que desde sus comienzos ha causado controversia, no solamente por las piezas que forman parte de su repertorio, sino por su naturaleza misma, pues resulta difícil para algunos considerarlo un arte digno de formar parte de la clasificación realizada por los griegos. El cine, es cierto, depende por completo de herramientas mecánicas y digitales tanto para poder ser realizado como para poder ser mostrado. Claro que no sería falso afirmar que la literatura ha dependido de la pluma y el papel, como la pintura del lienzo y el pincel. La única diferencia entre estas herramientas es que el ingenio humano necesitó de disímiles unidades de tiempo para llegar a cada una de ellas.

    Sea que se le llame arte o no, o bien, que se haga la diferenciación entre cine-arte y cine-entretenimiento, no se debe dejar de lado la importancia social y cultural que han tenido los filmes desde sus inicios. Me veo tentado a decir que el impacto provocado en el desarrollo de la humanidad por la aparición del cine no es menor a aquel producido por el surgimiento de la literatura y por eso mismo, no se le debería desprestigiar y ser pensado como un arte de segunda categoría.

El discurso cinematográfico ha recorrido un largo trayecto desde su comienzo y se ha ramificado desde entonces, han existido corrientes artísticas, se ha fundido con las demás artes en momentos y se ha separado para seguir con su propio desarrollo. Ha atravesado períodos de alta y baja producción, hablando tanto de números brutos como de filmes de calidad y hoy en día se difunde con una efectividad vastamente superior a la literatura, el teatro, la pintura, etc. Y al igual que todas estas artes se encuentra con problemas y uno de ellos, quizá el más grande es precisamente el mencionado en el primer párrafo de estas conclusiones, el de ser consumido como entretenimiento.

El problema anterior no refiere tan solo a que el cine de entretenimiento, producido por los grandes estudios con el mero propósito de ser distribuido de manera eficiente y producir ganancias, sino que las grandes obras del séptimo arte son vistas como simples historias representadas y nada más. Con esto no se afirma que los individuos (o ciertos individuos) carezcan de la capacidad o el criterio para distinguir una obra de arte de un producto comercial sólo se pretende hacer notar que con el predominio de los medios de comunicación por un lado y los grandes estudios invirtiendo sumas impensables en el mercadeo de sus productos por el otro, asfixian a los espectadores y a los artistas.

Este problema en la recepción de las grandes obras del séptimo arte se debe posiblemente a que la educación para la comprensión de discursos, tanto escritos como visuales ha resultado ser menos eficiente de lo necesario, así pues, el espectador promedio carece de las herramientas necesarias para comprender todos los signos o símbolos que le son mostrados en la pantalla. Por supuesto, un trabajo como este no podría pretender ser en modo alguno una solución a ello, sino una simple y brevísima expresión y explicación de un fragmento de los signos y símbolos entregados al espectador en un discurso cinematográfico específico.

Ese discurso específico es por supuesto *Taxi Driver* y el fragmento de signos explicados (más no completamente agotados) en el análisis son aquellos que refieren a algo tan sencillo como lo es la identidad de un personaje, su modo de ver el mundo y cómo esto influye en el mundo narrado que habita. Un análisis podría realizarse de un sinfín de elementos que se dejaron fuera de este. Un filme no presenta limitaciones si, por ejemplo, se deseara analizar la composición visual de las tomas, los ángulos de las mismas, el impacto que tienen estas en la dimensión narrativa del filme, la dimensión narratológica, pragmática, semántica, semiótica, morfológica, etc.

Este estudio pues, no pretende hacer mucho más que teorizar sobre algunos de los aspectos narrativos y semióticos del cine utilizando herramientas pensadas para la literatura más que nada para demostrar que eso no sólo es posible sino recomendable, pues puede permitir al espectador obtener una mejor o más profunda apreciación a partir del contacto con un mismo objeto visto desde diferentes perspectivas.

REFERENCIAS

Altman, Rick, *Los géneros cinematográficos,* Paidós, España, 1999.

Bareket, O., Kahalon, R., Shnabel, N., & Glick, P. "The Madonna-Whore Dichotomy: Men who perceive women's nurturance and sexuality as mutually exclusive endorse patriarchy and show lower relationship satisfaction.", 2018. En: https://www.researchgate.net/publication/322895625_The_Madonna-Whore_Dichotomy_Men_Who_Perceive_Women%27s_Nurturance_and_Sexuality_as_Mutually_Exclusive_Endorse_Patriarchy_and_Show_Lower_Relationship_Satisfaction

Canudo, Ricciotto, Manifiesto de las siete artes, Gazzette des sept arts, Francia, 1923.

Centro de investigación Pew, "Panorama global de la religión", 2012. En https://assets.pewresearch.org/wpcontent/uploads/sites/11/2012/12/globalReligion-tables.pdf

Cervantes Saavedra, Miguel de, *El ingenioso hidalgo don Quijote de la Mancha,* Alfaguara, México, 2005.

Chatman, Seymour, *Historia y discurso*, Taurus, España, 1990.

David A. Cook, *A History of Narrative Film* (2nd edition, W. W. Norton & Company, 1990).

Dorfles, Gillo, *El devenir de las artes,* Fondo de Cultura Económica, México, 2004.

Ebert, Roger," Interview with Martin Scorsese", En: https://www.rogerebert.com/interviews/interview-with-martin-scorsese

Ebert, Roger, "Taxi Driver review". En: https://www.rogerebert.com/reviews/great-movie-taxi-driver-1976

Eco, Umberto, *Tratado de semiótica general,* Lumen, España, 2000.

Frye, Northrop, *Anatomía de la crítica,* Princeton University Presa, Canadá, 1957.

Garagalza, Luis, *Introducción a la hermenéutica contemporánea*, Anthropos, España, 2002.

Haenni, Sabine, "Geographies of Desire: Postsocial Urban Space and Historical Revision in the Films of Martin Scorsese". En: http://www.umontanamediaarts.com/MART101L/characteristics-of-film-noir

https://www.researchgate.net/publication/236756380_Geographies_of_Desire_Postsocial_Urban_Space_and_Historical_Revision_in_the_Films_of_Martin_Scorsese

Bouzereau, Laurent, *Making 'Taxi Driver',* Columbia TriStar Home Video, Estados Unidos, 1999.

Manini, Luca, *Meaningful literary names. Their forms and functions, and their translation.*

En: http://www.tandfonline.com/doi/abs/10.1080/13556509.1996.10798972

Nabokov, Vladimir, *Lolita,* España, Ediciones Grijalbo, 1975.

Olabuenaga, Teresa, *El discurso cinematográfico: un acercamiento semiótico,* Editorial Trillas, México, 1991.

Pimentel, Luz Aurora, *El relato en perspectiva,* Siglo XXI editores, México, 1998.

Platón, *Diálogos,* Gredos, Madrid, 1982.

Schrader, Paul, *Taxi driver,* 1976.

Sigmund, Freud, *Tres ensayos sobre teoría sexual,* Editorial Verbum, España, 2019.

Shakespeare, William, *The complete works of William Shakespeare,* Estados Unidos, Avenel Books, 1975.

Thurman, John, Embedded: The Anti-Imperialism in Taxi Driver disponible en: https://cineprism.wordpress.com/2007/12/11/embedded-the-anti-imperialism-in-taxi-driver/

Wallek, René; Austin Warren, *Teoría literaria,* Gredos, Madrid, 2009.

Wolfe, Thomas, "God's lonely man" en *The Thomas Wolfe Reader,* Charles Scribner's Sons, Estados Unidos, 1962.

<u>Filmografía</u>

Allen, Woody, *Annie Hall,* United Artists, Estados Unidos, 1977.

Anderson, Wes, *The grand Budapest Hotel,* Fox Searchlight Pictures, Estados Unidos, 2014.

Besson, Luc, *León: The professional,* Columbia Pictures/Gaumont Film Company, Francia, 1994.

Bouzereau, Laurent, Making 'Taxi Driver', Columbia TriStar Home Video, Estados Unidos, 1999.

Cassavetes, John, *Shadows,* British Lion, Estados Unidos, 1959.

Coppola, Francis Ford, *The Conversation*, Paramount Pictures, Estados Unidos, 1974.

Coppola, Francis Ford, *The Godfather*, Paramount Pictures, Estados Unidos, 1972.

Coppola, Francis Ford, *The Godfather Part II*, Paramount Pictures, Estados Unidos, 1974

Coppola, Sofía, *The virgin suicides,* Paramount Pictures, Estados Unidos, 1999.

Cousins, Mark, *Story of film: An Odyssey* "New american cinema", Hopscotch Films, Reino Unido, 2011.

Cousins, Mark, *Story of film: An Odyssey* "The world discovers a new art form", Hopscotch Films, Reino Unido, 2011.

Crosland, Alan, *The Jazz singer,* Warner Bros. Pictures, Estados Unidos, 1929.

Curtis, Michael, *Casablanca,* Warner Bros. Pictures, Estados Unidos, 1942.

Fincher, David, *Fight Club,* Twentieth century Fox, Estados Unidos, 1999.

Fleming Victor, *Gone with the wind,* Metro-Goldwyn-Mayer, Estados Unidos, 1939.

Ford, John, *The searchers,* Warner Bros. Pictures, Estados Unidos, 1956.

Huston, John, *The maltese falcon,* Warner Bros. Pictures, Estados Unidos, 1941.

Kazan, Elia, *On the waterfront,* Columbia Pictures, Estados Unidos, 1954.

Lucas, George, *THX 1138,* Lucasfilm, Estados Unidos, 1971.

Lucas, George, *Star Wars,* Lucasfilm, Estados Unidos, 1977.

Lynch, David, *Blue velvet,* De Laurentiis Entertainment Group, Estados Unidos, 1986.

Malick, Terrance, *Tree of life,* Fox Searchlight Pictures, Estados Unidos, 2011.

Melies, George, *Voyage dans le lune,* Star Film Company, Francia, 1902.

Philips, Todd, *Joker,* Warner Bros. Pictures, Estados Unidos, 2019.

Polanski, Roman, *Rosemary's baby,* Paramount Pictures, Estados Unidos, 1968.

Polanski, Roman, *Chinatown,* Paramount Pictures, Estados Unidos, 1974.

Schrader, Paul, *American Gigolo*, Paramount Pictures, Estados Unidos, 1980.

Schrader, Paul, *Light Sleeper,* New Line Cinema, Estados Unidos, 1992.

Schrader, Paul, The Walker, Think film, Estados Unidos, 2007.

Scorsese, Martin, A personal journey with Martin Scorsese through American Movies, British film institute, Reino Unido, 1995.

Scorsese, Martin, *After Hours,* Warner Bros. Pictures, Estados Unidos, 1985.

Scorsese, Martin, *Alice doesn't live here anymore,* Warner Bros Pictures, Estados Unidos, 1974.

Scorsese, Martin, *Cape Fear*, Universal Pictures, Estados Unidos, 1991.

Scorsese, Martin, *Casino*, Universal Pictures, Estados Unidos, 1995.

Scorsese, Martin, *Gangs of New York*, Miramax, Estados Unidos, 2002.

Scorsese, Martin, *George Harrison: Living in the material world*, HBO, Estados Unidos, 2011.

Scorsese, Martin, *Goodfellas*, Warner Bros. Pictures, Estados Unidos, 1990.

Scorsese, Martin, *Italianamerican*, Estados Unidos, 1974.

Scorsese, Martin, *it's not just you Murray*, Estados Unidos, 1965.

Scorsese, Martin, *Mean streets*, Warner Bros. Pictures, Estados Unidos, 1973.

Scorsese, Martin, *New York, New York*, Warner Bros. Pictures, Estados Unidos, 1977.

Scorsese, Martin, *No directon home: Bob Dylan*, Paramount Pictures, Estados Unidos, 2005.

Scorsese, Martin. *Raging bull*, United Artists, Estados Unidos, 1980.

Scorsese, Martin, *Rolling thunder revue, a Bob Dylan story by Martin Scorsese*, Netflix, Estados Unidos, 2019.

Scorsese, Martin, *Shine a light*, Paramount Pictures, Estados Unidos, 2008.

Scorsese, Martin, *Taxi driver*, Columbia Pictures, Estados Unidos, 1976.

Scorsese, Martin, *The age of innocence*, Columbia Pictures, Estados Unidos, 1993.

Scorsese, Martin, *The big shave*, Estados Unidos, 1967.

Scorsese, Martin, *The departed*, Warner Bros. Pictures, Estados Unidos, 2006.

Scorsese, Martin, *The king of comedy*, 20th Century Fox, Estados Unidos, 1983.

Scorsese, Martin, *The Last temptation of Christ*, Cineplex Odeon Films, Canadá, 1988.

Scorsese, Martin, *The wolf of Wall Street*, Paramount Pictures, Estados Unidos, 2013.

Scorsese, Martin, *What's a nice girl like you doing in a place like this*, Estados Unidos, 1965.

Scorsese, Martin, *Who's that knocking at my door*, Joseph Brenner Associates, Estados Unidos, 1967.

Scott, Ridley *Blade Runner*, Warner Bros. Pictures, Estados Unidos/China, 1982.

Spielberg, Steven, *E.T.* Universal Pictures, Estados Unidos, 1982.

Villeneuve, Dennis, *Blade runner 2049*, Sony Pictures, Estados Unidos, 2017.

Welles, Orson, *Citizen Kane*, RKO Radio Pictures, Estados Unidos, 1941.

Winding Refn Nicolas, *Drive*, FilmDistrict, Estados Unidos, 2011.

Zemeckis, Robert, *Back to the future*, Universal Pictures, Estados Unidos, 1985.

www.ingramcontent.com/pod-product-compliance
Lightning Source LLC
Chambersburg PA
CBHW020426220526
45464CB00002B/580